Highly Sensitive Child

HSCの子育てハッピーアドバイス

HSC＝ひといちばい敏感な子

子育てカウンセラー
心療内科医
明橋大二

イラスト＊太田知子

1万年堂出版

プロローグ

ようこそ。

ひといちばい敏感《びんかん》な子どもたちへ。

そして、彼らを
この世に送り出そうとしている
すべての親と、
それを支える人たちへ。

この世の中には、５人に１人という一定の割合で
ひといちばい敏感《びんかん》、といわれる子どもが存在します。
（ひといちばい敏感《びんかん》な子をＨＳＣ＝Highly Sensitive Childといいます）

敏感《びんかん》な人たちは、少数派なので、
どうして自分だけがこんなに傷つくのだろう、
自分がおかしいのではないか、と思います。

でも、敏感《びんかん》なことは決して悪いことではないし、
喜ばしい性格なのです。

プロローグ

敏感《びんかん》な子は傷つきやすく、すぐ不安になるように見えるかもしれませんが、
敏感《びんかん》さのマイナス面ばかりに注目するのは、間違《まちが》っています。

敏感《びんかん》な子は、悪い環境《かんきょう》だけでなく、
よい環境《かんきょう》にも、ひといちばい影響《えいきょう》を受けます。

「感受性が強い」子どもは、
ストレスのかかる環境《かんきょう》では、病気やケガが多いのですが、
比較的《ひかくてき》ストレスがかからない家庭や教室では、他の子どもに比べて
病気やケガが少ないという研究報告もあります。

敏感《びんかん》な子はそうでない子よりも、
よい子育てや環境《かんきょう》から多くのものを得ることができるのです。

敏感《びんかん》な子は、この世の、よいことにも、
より強く反応しています。

「思いやり」「愛」「笑顔《えがお》」「親切」
「美しい景色《けしき》」「芸術」「お笑い」……

このようなことに、
誰《だれ》よりもプラスのメッセージを受けているのは
感受性が高く、敏感《びんかん》な子どもたちです。

心配はいりません。
よいことをたくさん吸収したHSCは、
ひといちばい幸せに生活をしています。

そうはいっても、これから体験する、
社会の試練や、悲しい出来事を、
親が排除《はいじょ》してしまうことはできません。

どんなに心配しても、
子どもには、子どもの苦難があります。

でも、理解ある大人に育てられることで、
ちゃんと試練を乗《の》り越《こ》えて、成長していくことができます。

いずれにしても、敏感《びんかん》な子には、
「自分には味方がいる」という安心感が不可欠なのです。

敏感《びんかん》な子の子育ては、そうでない子の子育てと、
違《ちが》うことがたくさんあります。

他の子と違《ちが》うことに、とまどったり、
複雑な気持ちになったりすることも多いでしょう。

一般的《いっぱんてき》なやり方や、ママ友のアドバイスは、
敏感《びんかん》な子にとっては、刺激《しげき》が強いものばかりです。

だからこそ
この本ができました。

敏感《びんかん》な子の子育ては、たいへんですが、
ＨＳＣの知識を得て、スキルを身につけ、
ぜひ、子育てを楽しんでいただきたいと思います。

同じＨＳＣでも、その個性はさまざまです。

「自分らしさ」に気がつくことで、その個性を活《い》かせる
ようになることが、何より大切なのだと思います。

あなたの愛《いと》おしい子どもが
幸せに輝《かがや》くＨＳＣになることを願っています。

HSCの子育てハッピーアドバイス

HSC＝ひといちばい敏感な子

もくじ

もくじ

ドウデスカ？

一瞬
あ、ネコちゃんのぬいぐるみがなくなってる

もくじ

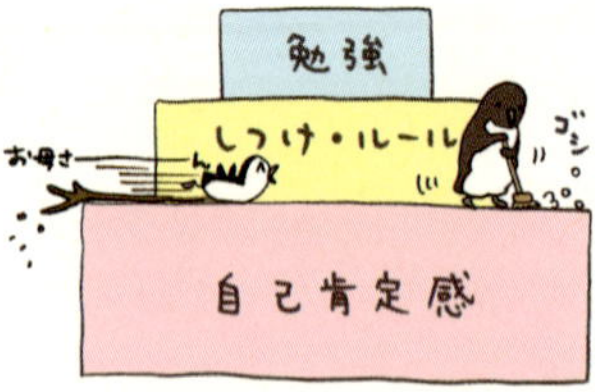
勉強
しつけ・ルール
お母さー
ゴシゴシ
自己肯定感

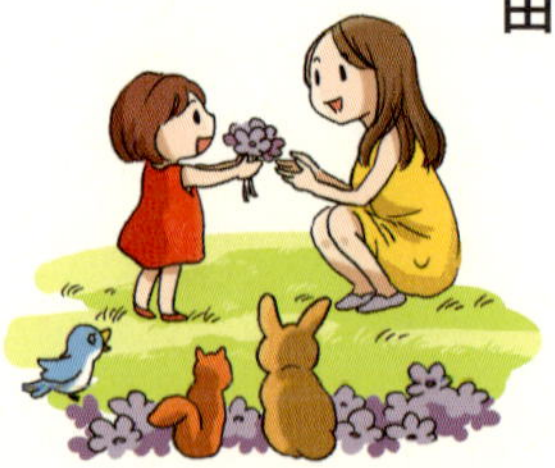

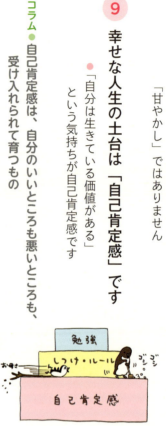

もくじ

よーく見て!!
お!

もくじ

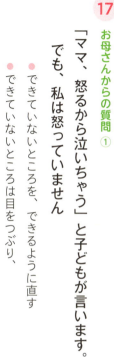

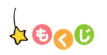

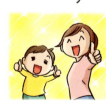

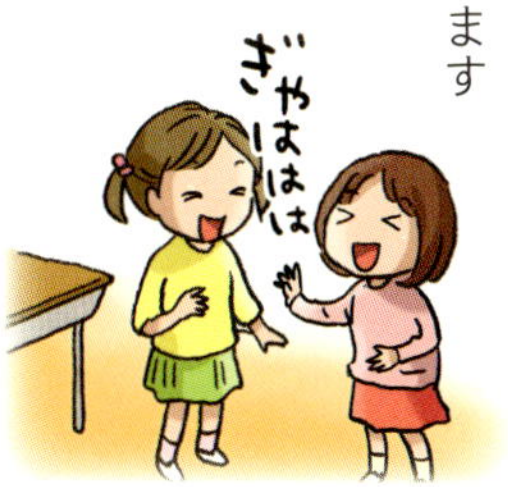
ぎゃははは

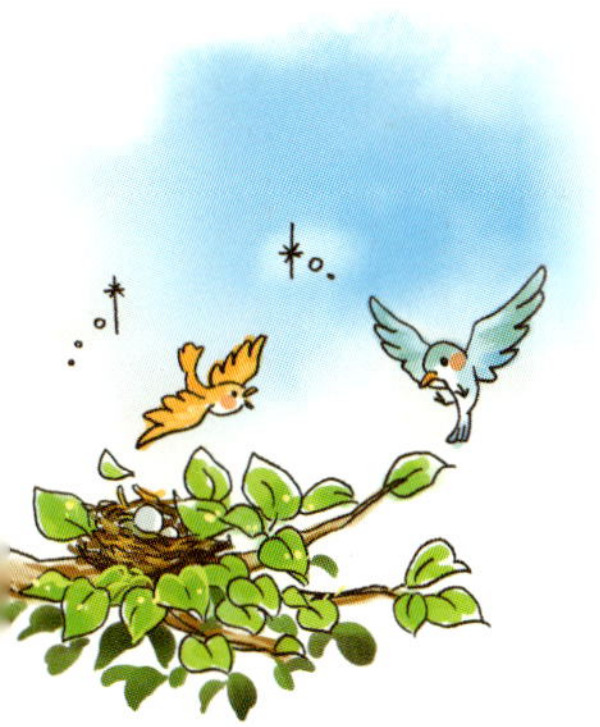

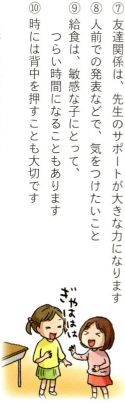

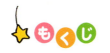

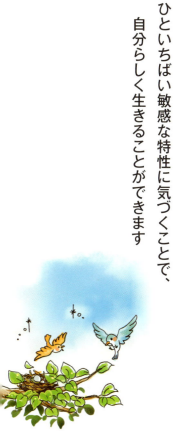

アーロン博士との出会い

ひといちばい敏感《びんかん》な子（ＨＳＣ＝Highly Sensitive Child）とは、アメリカの心理学者、エレイン・アーロン氏が提唱した言葉です。

私は、病院で精神科医として勤務しながら、スクールカウンセラー、児童相談所の嘱託医《しょくたくい》として、たくさんの子どもたちに出会ってきました。すると子どもたちの中に、感覚的にも、人の気持ちにも、とても敏感《びんかん》な子どもたちがいることに気づくようになりました。

そういう子どもたちは、とても豊かな感性を持ち、人の気持ちを思いやる、優《やさ》しいところを持つ一方、ささいな刺激《しげき》に大きな影響《えいきょう》を受け、集団の中で、すぐ疲《つか》れてしまいます。

子どもたちが、どうしてそのような行動をするのか、理解しようとするときには、この、「敏感《びんかん》さ」という、持って生まれた性質を知り、理解する必要があると、しだいに確信するようになりました。

そんなとき、エレイン・アーロン氏のＨＳＣという言葉に出合い、まさに今ま

エレイン・N・アーロン博士と、明橋大二先生

エレイン・N・アーロン
ヨーク大学（カナダ・トロント）で臨床心理学の修士号、アメリカ・パシフィカ大学院大学で臨床深層心理学の博士号を取得。サンフランシスコのユング研究所でインターンとして勤務しながら、臨床にも携わる。

で私が感じてきたこと、そのものだと直感したのです。

私はぜひ、こういう子どもたちがいることを、多くの人に知ってほしい、そして理解してもらいたいと思い、『The Highly Sensitive Child』という、アーロンさんの本を邦訳《ほうやく》し、『ひといちばい敏感《びんかん》な子』というタイトルで平成二十七年に出版しました。

するとどうでしょう。

全国から、「まさにうちの子です！」「今まで、どこかこの子は他の子と違《ちが》う、と思ってきましたが、この本を読んで、すべてが腑《ふ》に落ちました」というような感想が続々届くようになったのです。

ネットやブログでも口コミで広がり、やがて、テレビや新聞でも取り上げられるようになり、近年、一気にその認知が広がりつつあると感じます。

アーロンさんは、かつてHSCであった、ひといちばい敏感《びんかん》な人から、「自分の親にもこのことを知っていてほしかった」という声をたくさん聞いたといいます。そこから、『ひといちばい敏感《びんかん》な子』という、HSCの子育ての本が生まれました。

この日本でも、多くの人がHSCのことを知り、子どもも親も幸せになれる、そんな社会になることを願ってやみません。

ひといちばいの安心感をもらって
ひといちばい幸せに

1

他の子とちょっと違う？ HSCとは、どういう子どもでしょう

どんな子どもにも、生まれたときから性格の違《ちが》い、というものがあります
自己主張の強い子
おとなしい子
気難しい子
プイッ
穏《おだ》やかな子
そういう性格の一つが、「ひといちばい敏感《びんかん》」というものです
これは、子どもの15～20％に見られます
5人に1人
HSCでない子どもは、それほど周りを気にせず、思ったとおりに行動しますが、HSCは、生まれつきよく気がつき、深く考えてから行動します
じっ

共感力があり
イヤあああああ
ガーン
直感が鋭《するど》く
入園の手続きをしてからよく泣くようになった
想像力が豊かで
葉っぱさんが1人でエーンエーンって泣いてたのね。そしたら……
空想物語……
思慮深《しりょぶか》く、慎重《しんちょう》なところがあります
危ない……
キキーッ
間違《まちが》ったことをすると、どうなるかがよくわかるので、行動を慎《つつし》むのです
一方、大きな音や、大量の情報にはすぐに圧倒《あっとう》されてしまいます
7時までにご飯食べて
歯を磨《みが》いてトイレに行ってうんちをして
ハンカチ持って
お着替《きが》えして
あれやって
これやって
特に、決められた時間に、たくさんのことをやらなければならないときは、プチパニックになることもあります
早く早く!! 間に合わなくなるよ!
容量オーバー
わーん

刺激《しげき》を避《さ》けようとするので、「臆病《おくびょう》で引《ひ》っ込《こ》み思案《じあん》だから、場に溶《と》け込めないのだ」と思われます
放課後、一緒《いっしょ》に遊ぼ！
大勢で遊ぶのは苦手
うーん、今日は、遊べないや
刺激《しげき》が多いときは、過敏《かびん》で、動揺《どうよう》しやすくなります
……
……
どうしたの？ 早く発表してちょうだい
じ〜〜っ
HSCは、注意力が高いですが、必ずしも、視力や聴力《ちょうりょく》、嗅覚《きゅうかく》、味覚が人より発達しているわけではありません
いつもの牛乳と違《ちが》う
脳が情報を徹底的《てっていてき》に処理するところに、特徴《とくちょう》があるのです
情報
風景
色
表情
におい
温度
脳
全部チェック!!
反射のスピードが速く、痛みや刺激《しげき》を受けやすいため、薬にもすぐ反応します

また、免疫《めんえき》システムも
敏感《びんかん》で、アトピーや喘息《ぜんそく》
など、アレルギー反応が
出やすい傾向《けいこう》にあります
異物！
異物！
異物感知！
エ〜
許してよ〜
いわば、体全体で、あらゆる出来事を
敏感《びんかん》に、正確に、感じ取っているのです
どんなささいなことでも
見逃《みのが》さず
よく感じる！

HSCは、いろいろなことによく気づくといっても、それぞれに得意分野があります
雰囲気《ふんいき》や、表情を敏感《びんかん》に読み取る子もいれば
天候や植物の様子など、自然《しぜん》環境《かんきょう》の微妙《びみょう》な変化を察知する子もいます
あ、日曜日のにおいだ
動物とのコミュニケーション能力に優《すぐ》れた子、
ユーモアやジョークが得意な子もあります
新しい環境《かんきょう》に入るのが苦手な子もいれば、
慣《な》れた環境《かんきょう》が変わると嫌《いや》がる子もいます
ですが、どの子も人より多くのことを感じ取っているのです

他にも、自分が気づいたことをじっくり考える特徴《とくちょう》があります
そこにも、それぞれの個性があります
お母さん、雪ってどうして白いの？
湖は大家族で楽しいの！
水って、旅をしているんだよ〜〜
何であの子は、友達《ともだち》をいじめるんだろう
何で戦争は、なくならないの？
あの犬、寂《さび》しそうだね
HSCは、他の子よりも、たくさんのことを徹底的《てっていてき》に受け止めるので、心を揺《ゆ》さぶられるようなことがあったときは、強い感情が生じます。
深い愛情や、尊敬の念、喜びを感じることもあります
ff
逆に、ストレスがかかる場合は、恐怖《きょうふ》や怒《いか》り、悲しみを感じることもあります
ガミガミ
ガミガミ
そして、その感じ方は、他の子よりずっと強烈《きょうれつ》です

また感受性が強いため、感情移入しやすく
ハッ
どうしたのかな!!
他の子が、傷ついているのを見ると、自分もそれ以上に傷ついてしまいます
きもいよねー
クスクス
やだねー
……
ポツン
がーーーン
つらい……
豊かな内面生活を持ち、言葉でコミュニケーションが取れないような植物や動物、身体からの声、赤ちゃんや外国人、認知症《にんちしょう》の高齢者《こうれいしゃ》の心がよく理解できます
もっと飲む?
うれしそう!!
うんそうだね!
わかるの!?
意志疎通

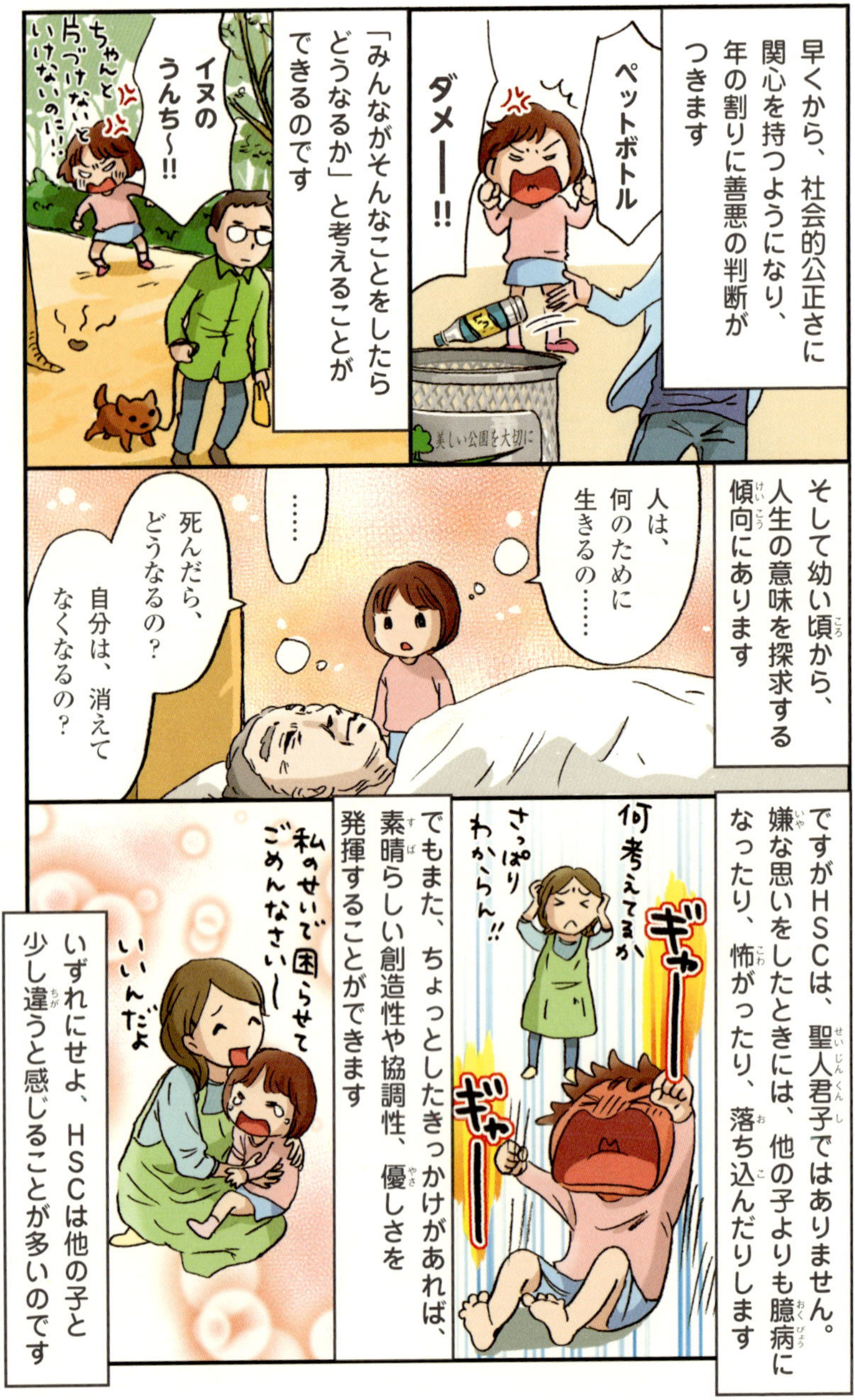
早くから、社会的公正さに関心を持つようになり、年の割りに善悪の判断がつきます
ペットボトル
ダメー!!
美しい公園を大切に
「みんながそんなことをしたらどうなるか」と考えることができるのです
イヌのうんち〜!!
ちゃんと片づけないといけないのに!!
そして幼い頃《ころ》から、人生の意味を探求する傾向《けいこう》にあります
人は、何のために生きるの……
……
死んだら、どうなるの?　自分は、消えてなくなるの?
ですがHSCは、聖人君子《せいじんくんし》ではありません。嫌《いや》な思いをしたときには、他の子よりも臆病《おくびょう》になったり、怖《こわ》がったり、落《お》ち込《こ》んだりします
何考えてるか
さっぱりわからん!!
ギャー
ギャー
でもまた、ちょっとしたきっかけがあれば、素晴《すば》らしい創造性や協調性、優《やさ》しさを発揮することができます
私のせいで困らせてごめんなさい〜
いいんだよ
いずれにせよ、HSCは他の子と少し違《ちが》うと感じることが多いのです

まとめ

- HSCとは、「ひといちばい敏感《びんかん》」という特性です。
（5人に1人の割合）
- 生まれつき、よく気がつき、深く考えてから行動します。
- 体の内外のことに敏感《びんかん》です。
- よく気づく得意分野は、人それぞれです。
（雰囲気《ふんいき》や表情、におい、ユーモア、動物とのコミュニケーションなど）
- 悲しみや喜びを、他の子よりも強く感じています。
- 感受性が強く、豊かな想像力があります。

→詳《くわ》しくは、4章から、述べたいと思います。

2

HSCかどうかを知るための、23のチェックリスト

HSC（ひといちばい敏感《びんかん》な子）かどうかを判断するために、アーロンさんが作ったチェックリストがあります。

それを一度チェックしてみてください。

次の質問に、感じたままを答えてください。子どもについて、どちらかといえば当てはまる場合、あるいは、過去に多く当てはまっていた場合には、「はい」。全く当てはまらないか、ほぼ当てはまらない場合には、「いいえ」と答えてください。

1　すぐにびっくりする　はい　いいえ

2　服の布地がチクチクしたり、靴下《くつした》の縫《ぬ》い目《め》や服のラベルが肌《はだ》に当たったりするのを嫌《いや》がる　はい　いいえ

3　驚《おどろ》かされるのが苦手である　はい　いいえ

4　しつけは、強い罰《ばつ》よりも、優《やさ》しい注意のほうが効果がある　はい　いいえ

5　親の心を読む　はい　いいえ

6 年齢《ねんれい》の割りに難しい言葉を使う　はい　いいえ

7 いつもと違《ちが》うにおいに気づく　はい　いいえ

8 ユーモアのセンスがある　はい　いいえ

9 直感力に優《すぐ》れている　はい　いいえ

10 興奮したあとはなかなか寝《ね》つけない　はい　いいえ

11 大きな変化にうまく適応できない　はい　いいえ

12 たくさんのことを質問する　はい　いいえ

13 服がぬれたり、砂がついたりすると、着替《きが》えたがる　はい　いいえ

14 完璧主義《かんぺきしゅぎ》である　はい　いいえ

15 誰《だれ》かがつらい思いをしていることに気づく　はい　いいえ

16 静かに遊ぶのを好む　はい　いいえ

17 考えさせられる深い質問をする　はい　いいえ

18 痛みに敏感《びんかん》である　はい　いいえ

19 うるさい場所を嫌《いや》がる　はい　いいえ

20 細かいこと（物の移動、人の外見の変化など）に気づく　はい　いいえ

21 石橋をたたいて渡《わた》る　はい　いいえ
22 人前で発表するときには、知っている人だけのほうがうまくいく　はい　いいえ
23 物事を深く考える　はい　いいえ

得点評価▽13個以上に「はい」なら、お子さんはおそらくHSCでしょう。しかし、心理テストよりも、子どもを観察する親の感覚のほうが正確です。たとえ「はい」が1つか2つでも、その度合いが極端《きょくたん》に強ければ、お子さんはHSCの可能性があります

この質問が、どういうことを指しているか、より具体的に知ってもらうために、私は、何人かの、子ども時代おそらくHSCであったと思われる人に、どういう様子であったか、アンケートを採りました。

そこで教えてもらったエピソードのいくつかを次にご紹介《しょうかい》したいと思います。

体が刺激に敏感

痛いのが苦手

● まぶしい光、騒音、臭いにおいには簡単にノックアウト

● 1人になる時間が必要

● すぐ驚く

● 2つ以上のことを同時に抱えるとパニックになる

● 他人の気分に影響される

● ものすごく人に気を遣う

● 悲しいニュースを聞くだけでも暗くなる

● よく気がつく

● 豊かで複雑な内面世界を持っている

● 芸術や自然に深く感動する

正義感が強い

弱い者には優しい

●平和主義

●ささいな変化によく気がつく

● 人に見られていると緊張してうまくいかない

● 空腹になったり、眠くなったりするとたいへん

● 変化が苦手

● 空気が悪いのが苦手

同じＨＳＣといっても、さまざまなタイプがありますし、ある項目《こうもく》はとても当てはまるが、別の項目《こうもく》はそうでもない、ということもあります。

しかしこのような具体例を聞くと、「自分も確かにあるある」とか、周囲の人でも「あの人の行動パターンそのものだ」と感じることがあると思います。

「敏感《びんかん》さ」というと抽象的《ちゅうしょうてき》ですが、このような具体例を知ると、やはりそうでない人とは、明らかに異なる受け取り方、感覚、ライフスタイルを持っていることがわかっていただけると思います。

COLUMN

HSCを「敏感すぎる」とした時点で、ネガティブなレッテル貼りが始まっています

HSCに対して、時々「敏感《びんかん》すぎる子」と表現されることがあります。

しかし、HSCは、「とても敏感《びんかん》な子」ではありますが、「敏感《びんかん》すぎる子」ではありません。

「とても敏感《びんかん》」は、正常な性質の一つですが、「敏感《びんかん》すぎる」は不適切な反応であり、病的なものです。

例えば青い目をした人に対して、「あなたの瞳《ひとみ》はとても青いね」と言うことはありますが、「あなたの瞳《ひとみ》は青すぎる」と言うことはありません。

確かにHSCが、過剰《かじょう》な敏感《びんかん》さを示すこともありますが、それは一部であって、全体ではありません。

アーロンさんは、そのあたりをとても大事にしていて、繰《く》り返《かえ》し著書の中でも述べています。

ですから、アーロンさんの『The Highly Sensitive Child』という本も、「敏感《びんかん》すぎる子」でなく、「ひといちばい敏感《びんかん》な子」と翻訳《ほんやく》しています。

HSCを「敏感《びんかん》すぎる」と解釈《かいしゃく》した時点で、すでにHSCに対するネガティブなレッテル貼《は》りが始まっていることを、私たちはよくよく注意しなければならないと思っています。

「ひといちばい敏感」であることは、
「敏感すぎる」病気（不安症や神経症など）とは違います

3

よく泣いたり、眠らなかったり……こんな赤ちゃんは、HSCかもしれません

HSC（ひといちばい敏感《びんかん》な子）は、生まれたときから、すでにいくつかのHSCの特《とく》徴《ちょう》を持っています。

それを知っていると、初めての子育てでも、安心できるのではないかと思います。

この章では、HSCの赤ちゃんの特徴《とくちょう》をお伝えしたいと思います。

1 よく泣く

生後4カ月頃《ごろ》までの乳児で、栄養状態もよく病気もないのに、1日3時間以上激しく泣くことが、週に4日以上ある場合は、周囲からの刺激《しげき》に敏感《びんかん》だといわれています。

ただ、よく泣くのには、さまざまな背景があり、必ずしもHSCとは限りません。

またHSCでも、あまり泣かない子もあります。

どんな子どもでも、刺激《しげき》が少なくても、多すぎても、泣きます。

刺激《しげき》（関わり）が少ない子どもは、関わりを求めて泣くでしょう。

そういうときは、抱《だ》っこしてやると泣きやみます。

また刺激《しげき》が多すぎても、子どもは泣くことがあります。

HSCの赤ちゃんは、容易に刺激過多《しげきかた》になるので、むしろ刺激《しげき》を減らすことが必要な場合があります。

そういうときに、抱《だ》き上《あ》げたり、食事をさせたり、一緒《いっしょ》に遊んだりすると、かえって刺《し》激《げき》を増やし、興奮させ、よけいに泣いてしまうこともあるのです。


ですから、赤ちゃんが体に異常がないのによく泣くなら、逆に刺激《しげき》を減らし、泣くのが治まるかどうか様子を見てみましょう。

具体的には、「無理に喜ばせようとしたり、大きな声を出したりしないようにする」「眠《ねむ》っている間だけでなく、日中も、なるべく音や光を減らすようにする」などです。

② 眠らない、すぐ目を覚ます

生後6カ月頃《ごろ》になると、HSCの多くは、眠《ねむ》りにくい、すぐに目を覚ます、といったことが起こります。

過剰《かじょう》な刺激《しげき》が、不眠《ふみん》の原因になることが多いので、日中に刺激《しげき》を受けすぎたか、眠《ねむ》る前の音や刺激《しげき》が強すぎたか、眠《ねむ》れても家の中がうるさくて起きてしまうのか、チェックする必要があります。

そして、もし刺激《しげき》が多すぎるなら、それを減らすことを考えてみましょう。

あと、夏場の場合は、朝の光にも注意が必要です。

朝日が部屋《へや》にあふれるような状態だと、朝4時5時に子どもが起きて活動しだす、ということにもなりかねません。

そういう場合は、遮光《しゃこう》カーテンを使って、起きる時間まで光をシャットアウトする、ということも必要です。

③ 注意力がある

「細かいことに気づく」「母親の動きをしっかり目で追う」などの特徴《とくちょう》です。

「じっと親の顔を見ているときに、その内面まで見ようとしているように感じる」とか「よく耳を澄《す》まして、周りの気配を感じている、その様子は真剣《しんけん》そのもの」と言う人もあります。

その親だけがわかる、なんとなく、ということではありますが、アーロンさんは、敏感《びんかん》な子どもの特徴《とくちょう》として採り上げています。

また、HSCは、新生児のときから、親の気持ちを感じやすいといわれています。

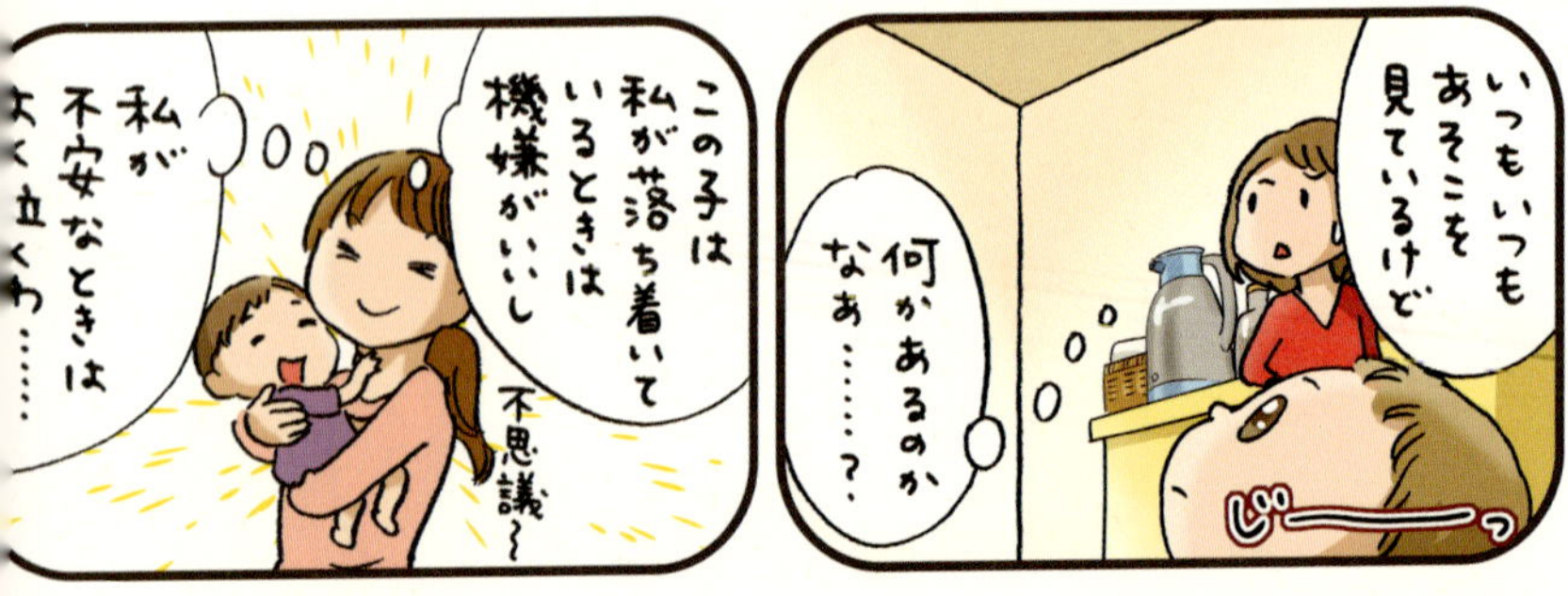

以上、ＨＳＣの赤ちゃんの特徴《とくちょう》を、見てきました。

しかし、ＨＳＣの親の多くは、実は、ごく自然に、ひといちばいの世話をしています。

大切なのは、親である自分の直感を信じ、心地《ここち》よい環境《かんきょう》を整え、赤ちゃんとコミュケーションを図《はか》っていくこと。

ですからそんなに心配することはないのです。

もちろん、完璧《かんぺき》にできないこともあるし、特にＨＳＣは、他の子より手がかかる面もありますから、途方《とほう》に暮れることもあると思います。


しかしあなたが子どものことを一生懸《いっしょうけん》命《めい》考えている気持ちは、子どもにも必ず伝わっています。そこで培《つちか》われた安心感は、子どもと親に、生涯《しょうがい》にわたる幸せを与《あた》えてくれるでしょう。

4

ＨＳＣは「治す」もの
ではありません。
「自分らしさ」を
伸ばしていきましょう

1 育て方でなるのではありません。持って生まれた性質です

ＨＳＣは、持って生まれた性質です。育て方でなるものではありません。

確かに、育ちの過程で、強い精神的ショックを受けたあとなどに、特定の刺激《しげき》に敏感《びんかん》になることがあります（いわゆる、フラッシュバックというものです）。

しかし、ＨＳＣの敏感《びんかん》さは、そのような過敏《かびん》さとは違《ちが》います。

赤ちゃんにも気質はあります
意志の強い子
カンの強い子
動じない子
絶対にあそこまで行く!
ちゅぱ ちゅぱ
そのような気質の一つが
ひといちばい敏感である
ということです
そーっと
ぱち

② 障がいや、病気とは異なります

ＨＳＣは、いわゆる障がいや、病気とは異なります。持って生まれた「気質」です。

ですからＨＳＣは、「治す」ものではありません。

このような性質を「自分らしさ」ととらえて、伸《の》ばしていくことが、ＨＳＣの子育てです。

③ 5人に1人がHSCです

ＨＳＣの割合は、15パーセントから20パーセント。だいたい5人に1人です。

しかもこの割合は、人種によって変わらず、一定の割合だと報告されています。

また、ＨＳＣに、男女差はありません。

「敏感《びんかん》な性質」というと、女性的な性質と思われるかもしれませんが、男女の比率は、1対1。男性にも女性と同じ割合で敏感《びんかん》な人がいます。

どの人種にも、一定の割合（15〜20%）でHSCは存在しています

男女の比率も
同じです

4 何に対して敏感かは、人それぞれ違います

HSCは、敏感《びんかん》な子どもですが、何に対して敏感《びんかん》かは、人それぞれ違《ちが》います。

音に対して敏感《びんかん》な子もあれば、においに対して敏感《びんかん》な子もあります。人の気持ちに敏感《びんかん》な子もあります。同じHSCといっても、「敏感《びんかん》だ」というところが共通するだけで、千差万別《せんさばんべつ》です。

敏感なところは、一人一人違いがあります

雰囲気《ふんいき》や人の感情に敏感《びんかん》な子
イラ~イラ
イヤ~
においや味に敏感《びんかん》な子
行ってきまーす
あー、夏のにおいがするー♫
動物の気持ちに敏感《びんかん》な子
スキスキ
光に敏感《びんかん》な子
懐中電灯は凶器!!
ズキューーン
イシシ
痛い!!

5 大人になっても、敏感な性質は変わりません

HSCは、大人になっても、敏感《びんかん》な性質は基本的に変わりません。

大人の敏感《びんかん》な人を、HSP（Highly Sensitive Person）といいます。

（そのチェックリストを、67ページに載《の》せておきます）

後天的な環境《かんきょう》により、敏感《びんかん》さが目立たなくなることがあります
大都会で育ったので人ごみが落ち着く
小さい頃《ころ》から飲んでいたのでコーヒーは慣れた
good!
Are you ready?
ダンスを習い始めて人前での発表は問題ない
派手な友達《ともだち》とつきあっていたら自分も派手になった
得意なことで自信をつけて堂々としている

しかし、敏感《びんかん》であるという性質は、生涯《しょうがい》を通じて、変わることはありません
ひといちばい敏感な子は
HSC《チャイルド》
ひといちばい敏感な大人へ
HSP《パーソン》

アーロンさんの研究は、実は、HSPの研究から始まりました。

そして、多くのHSPの人から、子ども時代、自分の敏感《びんかん》さを周囲に理解してもらえず、苦労したことを聞き、「敏感《びんかん》な子どもの育て方」についての本が必要だと感じたことから、HSCの本が生まれたのです。

6 感覚の敏感さをもって、発達障がいと誤解されることがあります

HSCの感覚の敏感《びんかん》さをもって、発達障がい（自閉スペクトラム症《しょう》・アスペルガー症候《しょうこう》群《ぐん》など）と誤解されることがあります。

自閉スペクトラム症《しょう》でも、感覚的な刺激《しげき》に極めて敏感《びんかん》なところがあるからです。

しかし、アーロンさんは、HSCと、自閉スペクトラム症《しょう》は、違《ちが》うと言っています。

自閉スペクトラム症《しょう》は、人の気持ちに関しては、気づきにくい、空気を読むのが苦手、ということがありますが、HSCは、むしろ、人の気持ちを察することに、ひといちばいたけているからです。

HSCは、人の感情をひといちばい察知します

HSCは、アスペルガーなどの自閉スペクトラム症《しょう》とは違《ちが》います
アスペルガー
HSC
表面的には、似ているところもあるのですが
感覚的に敏感
こだわりが強い
このメーカーのお茶しか飲まない
このTシャツしか着ない
お茶
最も大きな違《ちが》いは、自閉スペクトラム症《しょう》が他人の気持ちを読むのが苦手なのに対して
行かないで〜
何であの人泣いてるの？
HSCは、むしろ他人の気持ちを察することにひといちばいたけているからです
大丈夫《だいじょうぶ》？
あんなこと言われて嫌《いや》だったよね

7 環境によって作られるものではありません

ＨＳＣは、環境《かんきょう》によって作られるものではありません。持って生まれた性格です。

しかし、環境《かんきょう》の影響《えいきょう》を受けやすい、ということはあります。

過酷《かこく》な環境《かんきょう》（虐待《ぎゃくたい》など）で育てられると、ＨＳＣは大きくなってから、同じ過酷《かこく》な環境《かんきょう》で育ったＨＳＣでない子どもより、うつ状態や、不安症《ふあんしょう》になりやすいといわれています。

しかし、大きな問題のない環境《かんきょう》で育ったＨＳＣの場合、うつ状態や不安症《ふあんしょう》になるリスクは、非ＨＳＣと変わらないという調査結果が出ています。

さらに、よい幼少期を過ごしたＨＳＣは、非ＨＳＣよりも、病気やケガになりにくく、心も身体も健康である、という研究結果も報告されています。

敏感さゆえに、環境による影響を大きく受けます

COLUMN

「大胆派（非HSC）」と「慎重派（HSC）」生き残るには両方のタイプが必要です

HSCといわれるような慎重派《しんちょうは》と、非HSCといわれるような大胆派《だいたんは》と、2とおりのタイプがいるということを書いてきましたが、これは人間だけでなく、多くの動物や生き物でも、同じような現象が見られます。

なぜこのようなことが起きるのでしょうか。

それは、種の生存戦略として、それがいちばん都合がよいからではないかといわれています。

例えばサバンナでシマウマの群れが、草を食べているとします。

そこに、こっそりとライオンが近づいてきます。そこで、ライオンのにおいにいち早く気づいて、「逃《に》げろ！」と群れに警告するシマウマが必要です。

しかし、みんなが敏感《びんかん》で慎重《しんちょう》なシマウマばかりなら、新しいエサ場を探して移動することも、難しいでしょう。危険を顧《かえり》みず、大胆《だいたん》に行動するシマウマも必要なのです。

パンプキンシードという淡水魚《たんすいぎょ》の一種の、性格のタイプを調べるために、池にたくさんのわなをしかけたところ、ほとんどの魚は大胆《だいたん》な行動を見せ、わなにかかりましたが、少数の魚は、慎重《しんちょう》にわなを回避《かいひ》するという結果が出たそうです。

多くの種は、この2種類のタイプがいることによって、生き延びてきたのだと思います。ということは、私たち人類にとっても、この2種類のタイプが必要だということです。

昔から、敏感《びんかん》で慎重《しんちょう》な人は、科学者やカウンセラー、宗教家、歴史家、弁護士、医師、看護師、教師、芸術家などの職に就《つ》いてきました。

どちらかというと少数派に属する慎重派《しんちょうは》ですが、そういう人たちがいないと、また、人類は生き延びることはできなかったし、これから先、人類が存続するためにも、慎重派《しんちょうは》の存在は、また必要不可欠なのだと思います。

ブレーキ役のHSCと、アクセル役の非HSC

遠くのエサ場に行くなんて危ないよ!! 途中《とちゅう》で、何があるかわからないし、たとえエサ場を見つけたとしても、他の群れの縄張《なわば》りかもしれないよ!!
慎重型HSC
でも、この付近のエサ場の量では、僕《ぼく》たち全員の分は足りないんだ!! たとえ危険な目にあっても、僕《ぼく》は行くよ!!
突撃型非HSC
慎重《しんちょう》で、ハチは、あまり遠くまで行かないエサが足りずに、死んでしまうかもしれませんし
危険を顧《かえり》みずに飛び出していったハチは、途中《とちゅう》、自然の猛威《もうい》や敵の襲撃《しゅうげき》で、死んでしまうかもしれません
ワーッ
しかし、2つの違《ちが》った行動をとる個体がいることで、どんな状況《じょうきょう》においても、種が全滅してしまうというリスクは、少なくなるのです
HSCは、仲間が危険な目にあわないようにするためのブレーキ役です
その魚は、毒を持っているかもしれないよ
非HSCは、開拓者《かいたくしゃ》でありアクセル役です
出発ー!!
おー!!
狩りに行くぞ〜
お互《たが》いの特質を生かせれば、人類にとって大きなメリットになります
いっぱい取ってきたよー
毒がないか調べるよ〜

● HSP（Highly Sensitive Person）チェックリスト

次の質問に、感じたままを答えてください。
どちらかといえば当てはまるなら「Yes」、
全く当てはまらないか、ほぼ当てはまらない場合は、「No」と答えてください。

1 自分を取り巻く環境の微妙な変化によく気づくほうだ　Yes　No
2 他人の気分に左右される　Yes　No
3 痛みにとても敏感である　Yes　No
4 忙しい日が続くと、ベッドや暗い部屋などプライバシーが守られ、刺激から逃れられる場所に引きこもりたくなる　Yes　No
5 カフェインに敏感に反応する　Yes　No
6 明るい光や強いにおい、ザラザラした布地、サイレンの音などに圧倒されやすい　Yes　No
7 豊かな想像力を持ち、空想にふけりやすい　Yes　No
8 騒音に悩まされやすい　Yes　No
9 美術や音楽に深く心を動かされる　Yes　No
10 とても誠実である　Yes　No
11 すぐに驚いてしまう　Yes　No
12 短時間にたくさんのことをしなければならない場合、混乱してしまう　Yes　No
13 人が何か不快な思いをしているとき、どうすれば快適になるかすぐに気づく（例えば電灯の明るさを調節したり、席を替えたりするなど）　Yes　No
14 1度にたくさんのことを頼まれるのが嫌だ　Yes　No
15 ミスをしたり、忘れ物をしたりしないよう、いつも気をつけている　Yes　No
16 暴力的な映画や、テレビ番組は見ないようにしている　Yes　No
17 あまりにもたくさんのことが自分の周りで起こっていると、不快になり神経が高ぶる　Yes　No
18 生活に変化があると混乱する　Yes　No
19 繊細な香りや味、音楽を好む　Yes　No
20 ふだんの生活で、動揺を避けることに重きを置いている　Yes　No
21 仕事をするとき、競争させられたり、観察されたりしていると、緊張していつもどおりの実力を発揮できなくなる　Yes　No
22 子どもの頃、親や教師は自分のことを「敏感だ」とか「内気だ」と思っていた　Yes　No

得点評価▶質問のうち12個以上に「Yes」と答えたあなたは、おそらくHSPでしょう。しかし、どんな心理テストよりも、実際の生活の中で感じていることのほうが確かです。たとえ「Yes」が1つか2つしかなくても、その度合いが極端に強ければ、あなたはHSPかもしれません。

5

ひといちばい敏感な子には、4つの性質があります

ＨＳＣの根っこには、次の４つの性質がある、といわれます。

D＝深く考える

O＝過剰《かじょう》に刺激《しげき》を受けやすい

E＝共感力が高く、感情の反応が強い

S＝ささいな刺激《しげき》を察知する

ひといちばい敏感《びんかん》な人には、この４つの面が必ず存在します。

４つのうち、１つでも当てはまらないなら、その人は、おそらくＨＳＣではありません。

では、一つ一つ見ていきましょう。

Depth: D

深く考える

例えば友達《ともだち》の家に行って、そこで友達《ともだち》のお母さんから、イチゴを出されたら、ふつうの子どもなら、「わーい！」と喜んで食べると思います。

しかしＨＳＣは、

どこのイチゴか　高そうなイチゴか　何人で分けるのか

後から来る人の分を取り分けておかなくていいか　食べられていない人はいないか

などということを考えてしまうため、動作が一歩遅《おく》れて、遠慮《えんりょ》がちな子と思われてしまう、ということがあります。

すべてのＨＳＣがそういう行動をとるわけではありませんが、ふつうの子どもなら、そこまで考えないよね、ということを、深く考えてしまうのが、「深く考える」という性質です。

そういう性質から、大人がするような深い質問をしたり、年齢《ねんれい》の割りに大人びたことを言ったりします。

買い物をするときにも、すべての可能性を考えて、選ぶのにすごく時間がかかることがありますし、じっくり観察して考える必要があるので、初めての人や場所で、行動を起こすのに時間がかかることもあります。いわゆる「石橋をたたいて渡《わた》る」特性です。

ＨＳＣでない子がそこまで考えない、あるいは考えなくていいことを、瞬時《しゅんじ》に感じて、考えてしまうことが、「深く考える」ということです。

D 深く考える

HSCの脳は情報を深く処理する部位が活発です

1を聞いて、10を知ります

行動するのに時間がかかることがあります

大人びたことを言うことがあります

人の気持ちや空気を読む能力があります

Overstimulation: O

過剰に刺激を受けやすい

大きな音が苦手だったり、暑さや寒さ、自分に合わない靴《くつ》、ぬれた服やチクチクする服に文句を言ったりします。または痛がりです。

楽しいはずのイベントでも、すぐ疲《つか》れてぐったりしてしまったり、興奮するようなことがあると、目がさえて眠《ねむ》れなくなったりします。

大きな発表会など、人に見られたり実力を試されたりする場面では、ふだんの力を発揮できないことがあります。

強い罰《ばつ》を与《あた》えるより、穏《おだ》やかに言って聞かせるほうが効果的です。

HSCは、そのように過剰《かじょう》に刺激《しげき》を受けやすいため、すぐ刺激《しげき》でいっぱいいっぱいになってしまうのです。

O 過剰に刺激を受けやすい

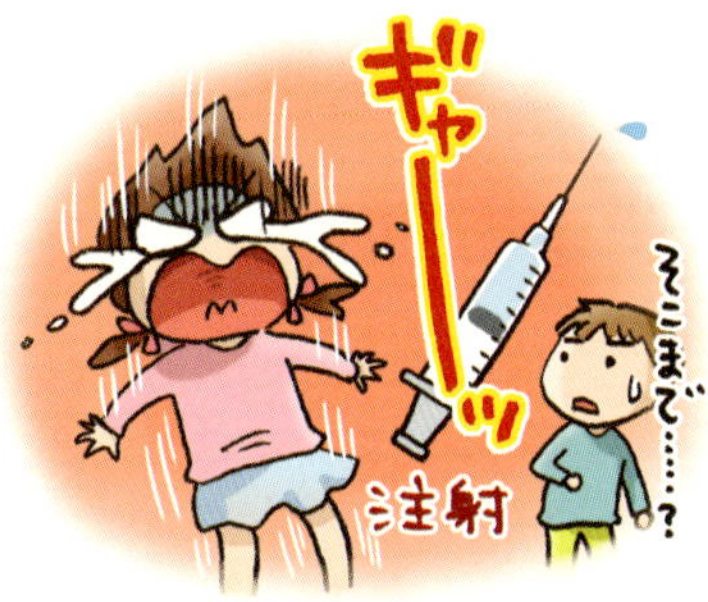

Empathy & Emotional: E

共感力が高く、感情の反応が強い

物事の一つ一つを深く感じ取り、涙《なみだ》もろく、人の心を読むことにたけています。完璧主義《かんぺきしゅぎ》で、ささいな間違《まちが》いにも強く反応します。

学校の友達《ともだち》や家族、初めて会った人でも、つらい思いをしている人の気持ちが手に取るようにわかります。

時には動物の気持ちにも共感して、ホッキョクグマの子どもが温暖化のために溺《おぼ》れて死んでしまうことを知って心を痛めます。

残酷《ざんこく》な映画やドラマが苦手で、不公平なことが許せません。

これに関しては、最近の脳科学による研究で、HSPは、非HSPに比べて、ミラーニューロンの活動が活発であることが示されました。ミラーニューロンとは、他の人が何かをしたり感じたりしているのを見ると発火して、あたかも自分が同じことをしたり感じたりしているように感じる神経細胞《しんけいさいぼう》です。言葉を換《か》えれば、「共感を生む」働きといえます。それが、HSP/HSCの共感力の高さにつながっているのではないかといわれています。

E 共感力が高く、感情の反応が強い

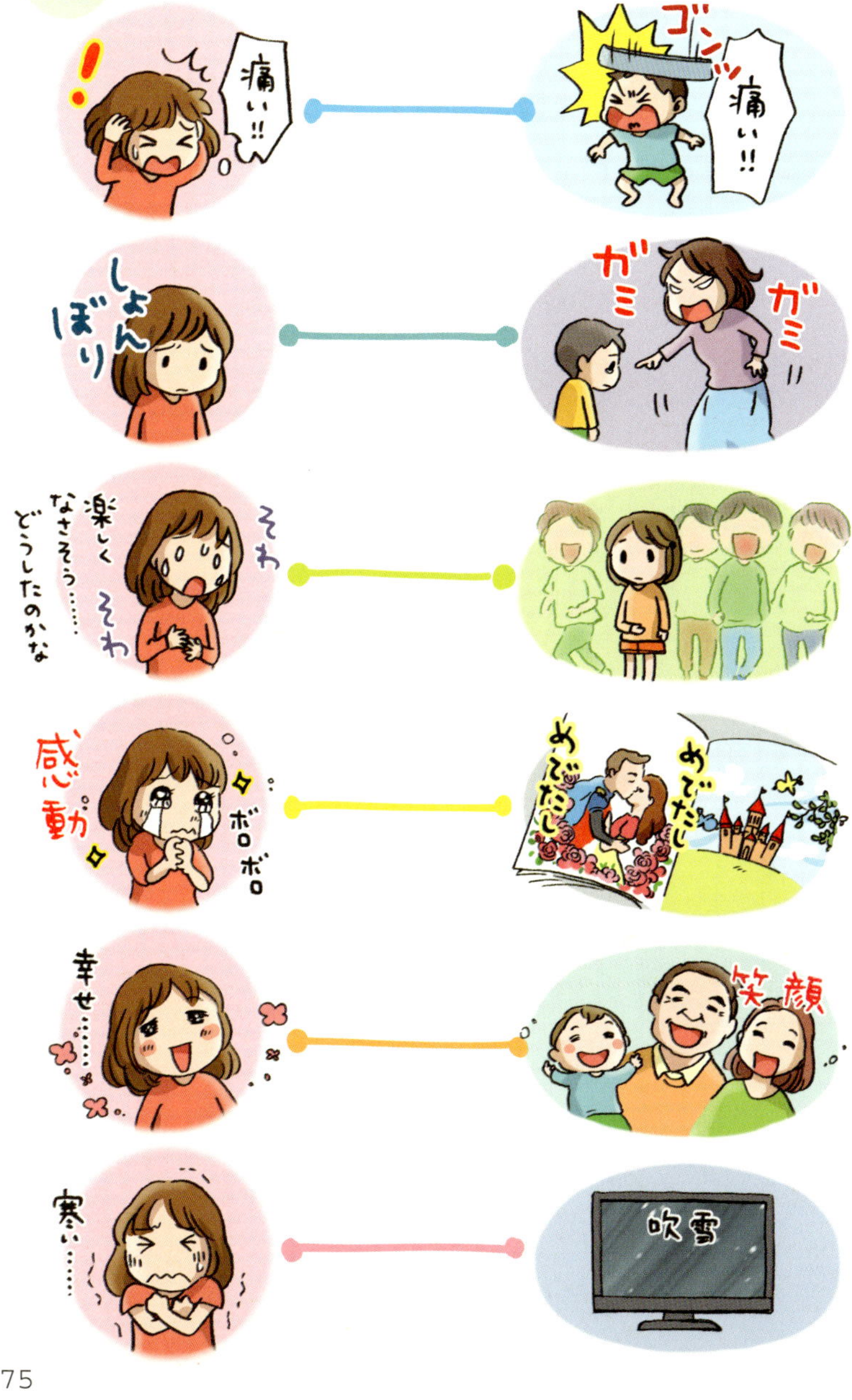

Subtlety: S

ささいな刺激を察知する

小さな音、かすかなにおい、細かいことに気づきます。人の髪形《かみがた》や服装、場所の小さな変化に気づきます。

家具の配置がちょっと変わったり、置いてあった物がなくなったりすることに気づきます。

変わったにおいがすると近づくことができなかったり、遠くの鳥の声や、飛行機のエンジン音が聞こえたりします。

人が自分を笑ったことや、逆にちょっとした励《はげ》ましにも気づきます。

また、体内の刺激《しげき》にも敏感《びんかん》です。薬が作用した反応を感じ取るため、薬が効きやすかったり、逆に、特に何かがあったということでもないのに、少しの刺激《しげき》で、頭が痛い、おなかが痛い、足が痛い、と訴《うった》えて、何か悪い病気ではないかと不安になったりします。

そういうところが、親からすると、「大げさだ」と感じることもあります。

S ささいな刺激を察知する

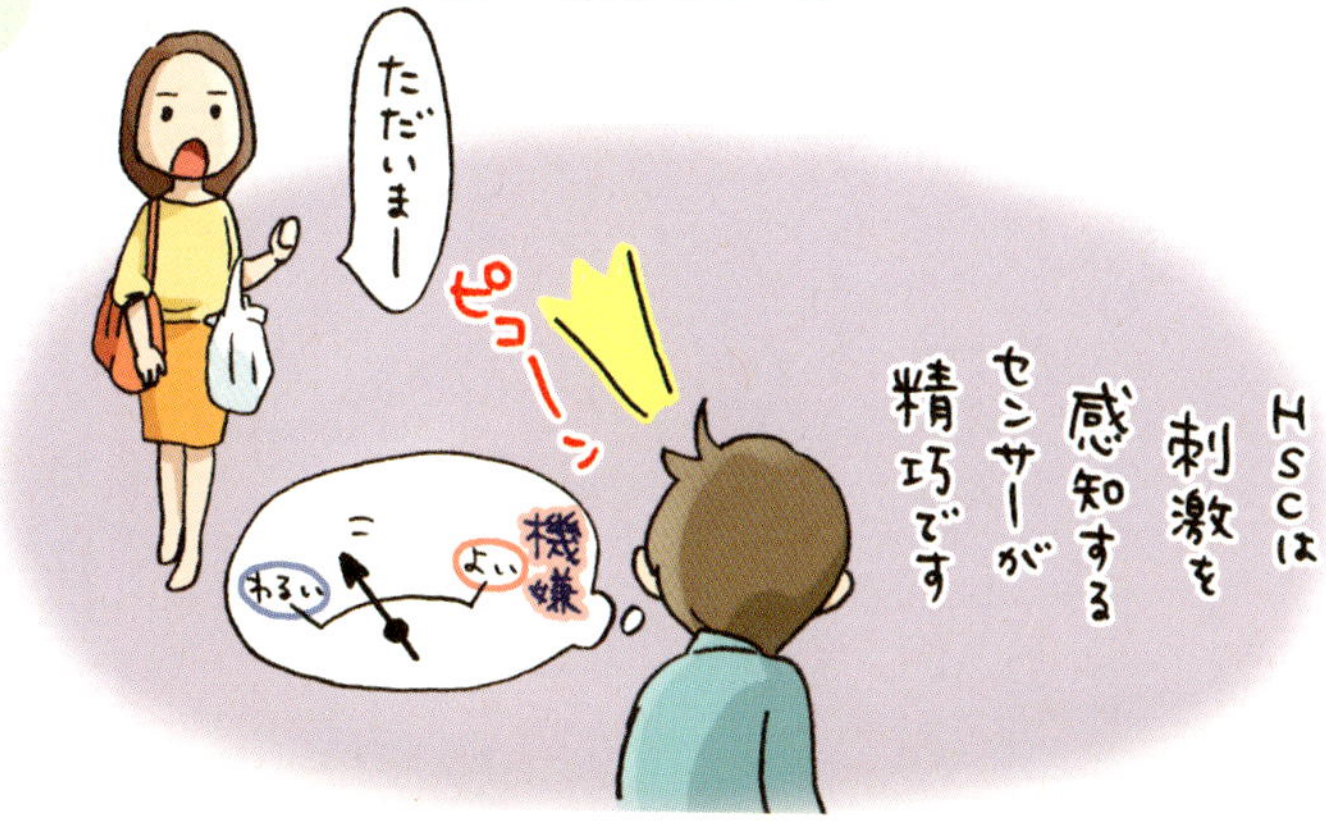

COLUMN

疲れを訴える子どもが増えています——敏感で、気の利くHSCは、疲れやすいのです

最近、疲《つか》れを訴《うった》える子どもが、増えています。さまざまな理由があると思いますが、その理由の1つに、HSCという特性があると思っています。

HSCは、ささいな刺激《しげき》で、あれこれ深く考えてしまいます。

ある意味、常に頭をフル回転させている状態なので、周囲からすると、それほど疲《つか》れるような状況《じょうきょう》じゃないように見えても、相当神経を使って疲《つか》れている、ということがあるのです。

例えば、10言われても、9忘れてしまう子があります。ある意味、これがふつうの子どもです。

10言われても、9忘れるタイプ

ところが、HSCは、ささいな刺激《しげき》でも、あらゆることを考えます。1を聞いても、10受け止めてしまうのです。

1を聞いて、10受け止めるタイプ

そうすると、同じ10のことを言っても、1受け止める子もいれば、100受け止める子もいるということです。

そうすると、1を聞いて10受け止める敏感《びんかん》な子は、10聞いて9忘れる子の、100倍、頭を使ったり、気を張ったりしていることになります。

これは疲《つか》れます。

そのうえ、周囲が、「あれしなさい」「これしなさい」と言っていると、処理しないといけない心の作業が膨大《ぼうだい》になり、それだけで疲《つか》れてしまう、ということがあるのです。

ですから、HSCで、1聞いて10受け止めるタイプの子は、指示命令は最低限にして、むしろ家が安らぎの場になるように、したほうがいいのです。

6

ひといちばい敏感な子の中に、外向的な子が約30％います

♣外向的な子もいます

「ひといちばい敏感《びんかん》な子」というと、内向的で、おとなしいイメージを持つかもしれません。確かに、そのような子もいます。

しかしその一方で、外向的な子もいるのです。

アーロンさんによると、HSCの中で、約30パーセントが、外向的だといわれています。

また、この内向性外向性は、育った環境《かんきょう》によって作られるものですが、それとは別に、生まれ持った気質もあります。

好奇心《こうきしん》が強く、新しい場所に行きたがる、初めての出来事を楽しむ、退屈《たいくつ》しやすい、という性質で、これをHSS（High-Sensation Seeking）といいます。

HSCと、HSSは、矛盾《むじゅん》するように思いますが、これは、それぞれ独立した気質です。

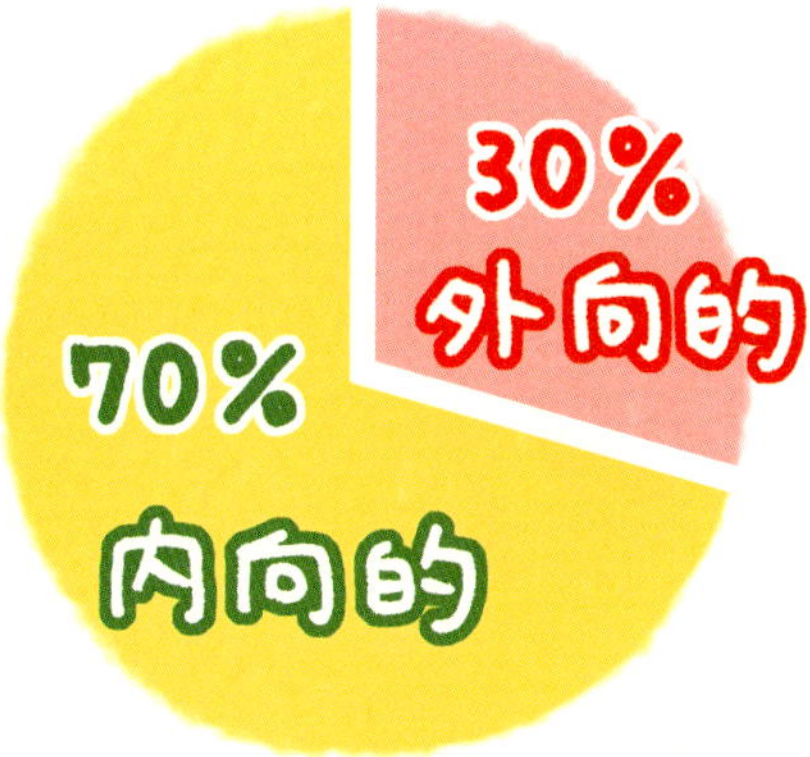

新しい友達《ともだち》ができると、ものすごくワクワクする
新しい世界の始まり♡
パアアアア!
が、毎日一緒《いっしょ》にいると変化が欲《ほ》しくなる
もっとお友達を作りたい!!
新しいゲームを買ってもらうと大興奮
やったーー♡
ありがとう♡
が、すぐに飽《あ》きる
ポイ
新商品が出たー♡
楽しそうな場所へ出かけるのが大好き
あっち楽しそう♪
どんどん新しい刺激を楽しみたいタイプが
HSS
刺激探求型

HSCは、新しい出来事に遭遇《そうぐう》したとき、それがどういう事態か、深く考え、確認しようとします。そのうえで、刺激《しげき》を求めない子どもと、刺激《しげき》を求める子どもと、2とおりのタイプに分かれます。

●HSCで刺激を求めないタイプ

どちらかというと、リスクを取らず、新しい世界にはなかなか入ろうとしません。

●HSCで刺激を求めるタイプ

しかし、HSCで刺激《しげき》を求める子どもは、状況《じょうきょう》をじゅうぶん確認したうえで、それでも好奇心《こうきしん》のほうが勝《まさ》ってしまい、新しい世界に入っていこうとします。

一方、ＨＳＣではない子（非ＨＳＣ）にも、２とおりの違《ちが》いがあります。

●非ＨＳＣで刺激を求めないタイプ

非ＨＳＣで刺激《しげき》を求めない子どもは、あまり物事を気にせず、現状を受け入れ、マイペースで淡々《たんたん》と生きています。

●非ＨＳＣで刺激を求めるタイプ

逆に、非ＨＳＣで刺激《しげき》を求める子どもは、現状をよく確認せずに、いきなり新しい世界に飛《と》び込《こ》もうとします。

ですから、この世には、４とおりの子どもがいることになります。

もちろん、どの性格がいいとか、悪い、

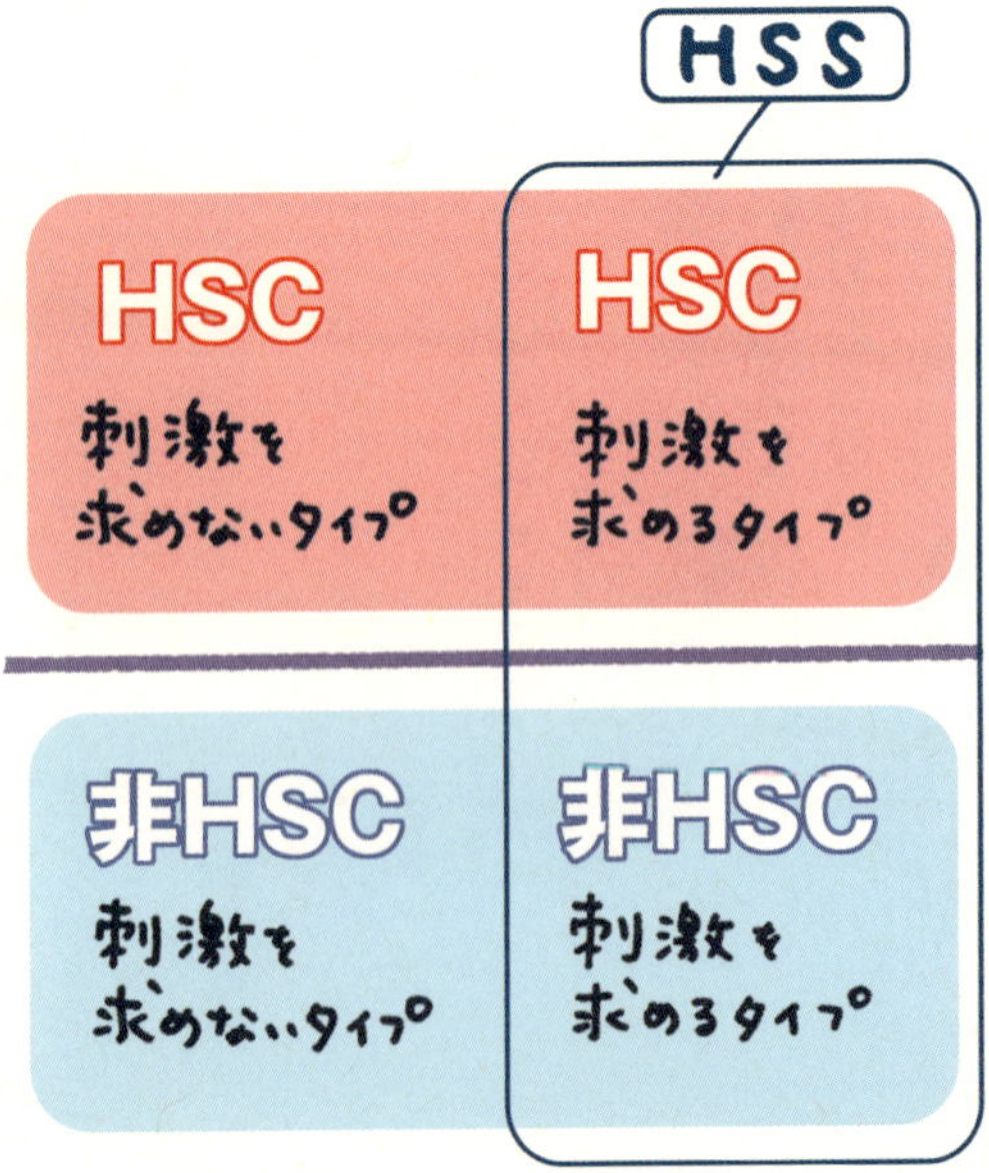

この本に出てくる用語について

Highly Sensitive Child

HSC

ひといちばい敏感な子ども

成長すると……

Highly Sensitive person

HSP

ひといちばい敏感な人

非HSC ＝ HSCではない子ども
非HSP ＝ HSPではない人

High-Sensation Seeking

HSS

刺激を求めるタイプ

というわけではありません。それぞれに長所と短所があり、すべてのタイプが必要とされているのだと思います。

♣この世には4タイプの人がいます

大人でも、**HSPで刺激《しげき》を求める人**なら、どんなリスクがあるか、じゅうぶん考えたうえで、そこに飛《と》び込《こ》もうとするでしょう。会社なら、社員の気持ちにも配慮《はいりょ》する繊細《せんさい》さを持つ一方で、大胆《だいたん》な決定もする、よき経営者に向いているといえます。

逆に、**非HSPで刺激《しげき》を求める人**ならば、いわば「突撃型《とつげきがた》」で、新天地や新規事業に飛《と》び込《こ》んでいく人といえるでしょう。

HSPで刺激《しげき》を求めない人は、どちらかというと、参謀《さんぼう》とか、アドバイザーが向いています。

非HSPで刺激《しげき》を求めない人は、物事をあまり深く考えすぎることなく、淡々《たんたん》と仕事をこなしていきます。常識的な考え方ができ、でしゃばることなく、皆《みな》から信頼《しんらい》される社会人になるでしょう。

すべてのタイプの人が活躍《かつやく》で
きる場のあることが、よりよい
社会のために、とても大切なこ
となのだと思います。

7

育てにくい子は、長い目で見れば、心配のない子です

♣かんしゃくは、その子が傷ついているサインかもしれません

HSC（ひといちばい敏感《びんかん》な子）というと、慎重《しんちょう》で、内向的で、引きこもりがちの子と思われがちですが、ほとんど真逆のタイプの子もいます。

そういう子の中には、いわゆる「育てにくい」と感じる子も少なくありません。

特に、HSCでHSS（刺激《しげき》を求めるタイプ）の特性を持った子や、感情反応の強い子は、育てにくいと感じることが多いようです。

行動的ではありますが、すぐに押《お》しつぶされてしまい、求めている平和が簡単に崩《くず》れます。

かんしゃくが激しく、文句が多いです。ささいなことで、大げさに騒《さわ》ぎます。

あるいは、ちょっと注意しただけで、逆ギレする。うまくいかないと八つ当たりする。

被害妄想的《ひがいもうそうてき》に取る。過度に落《お》ち込《こ》むのでフォローがたいへんなこともあります。

友達《ともだち》と遊んでいると、それほどではないことでも、ひどいことをされたと言って、ささいなことで傷ついてしまいます。

実際に傷ついているし、それをうまく表現できないから、親に八つ当たりするしかなく

て、かんしゃくになっているだけなのですが、時にはわがままとしか思えないこともあります。

あるいは、こんな自分が受け入れられるのか不安で、確かめたいから、試し行動に出ているだけなのに、親にとっては、うんざりしてしまうこともあります。

親もだんだん疲《つか》れてきて、イライラしてきます。ところがそういうこちらのイライラをいち早く察知するのがＨＳＣなので、それをさらに否定されたと思《おも》い込《こ》み、よけいに逆ギレすることもあります。

本当はひといちばい傷ついている、ひといちばい助けを求めているのに、それをうまく表現できず、逆ギレしたり、意地を張ったりする、という形で出すので、よけいに怒《おこ》られてしまうのです。

しかし一方で、小さい子の面倒《めんどう》を見たり、家族のケンカの仲裁《ちゅうさい》をしたり、優《やさ》しい面もあります。

HSCの中には、育てにくいと感じる子もいます
あれ嫌《きら》い。これ嫌《きら》い
肉嫌《きら》い。野菜嫌《きら》い
果物《くだもの》嫌《きら》い。きのこ嫌《きら》い
何、このお茶変な味がする。麦茶がいい〜
文句が多く
好物はたくさん食べますが
おかわりー♪
ソースかけるね♪
あー!!
もうこんなのいらない!!
わーんお母さんのせいでー
何がいけなかったの!?
本人にしかわからない地雷《じらい》があちこちにあります
起きるときは、機嫌《きげん》が悪く
もーーっ!
お母さんのせいで×○◎☆(暴言)
寝《ね》るときも、機嫌《きげん》が悪い
◎※☆○△◎(ひどい暴言)
眠いんだね……
切《き》り換《か》えが苦手で
お風呂《ふろ》に入るよー
おーい、お風呂《ふろ》だよ
もう、ゲームやめなさい!!
ぎゃーーー!!
ぱっ
かんしゃくを起こしては親を手こずらせます
芝居《しばい》がかったようなことをして、ひといちばい手がかかります
ああ〜
足が痛いよー
ぎゃあああ
痛いっ
……
ハァ〜
ヒドイッお母さんのくせに子どもの心配をしない親サイテー!!
わああん
ささいなことで深く傷つきます

♣傷つく原因を見てみましょう

では、このように、育てにくい子の場合は、どのように接すればいいでしょうか？

こういう子の場合、まず、表面的な行動ばかりに目を奪《うば》われずに、「この子は、実は傷ついているのかもしれない」と考えてみることが必要です。

「自分の思いどおりにならない」「親に叱《しか》られた」「人が言うことを聞いてくれなかった」「自分の思う結果が出なかった」こういうこと一つ一つが、敏感《びんかん》な子にとっては、傷つく原因になります。

そこでかんしゃくを起こして、それを周囲から「わがまま」と取られて、「ちょっとは言うことを聞きなさい！」「しかたないじゃないの！」と叱《しか》られて、また傷つく、という悪循環《あくじゅんかん》になっています。

くそばばあ
おにばばあっ
…

この子は実は傷ついているのかもしれない

ちょっと、この子の頭の中を見てみましょう
異物だ!!
これは食べちゃダメ!!
アレもダメ!!
お母さんを怒らせたくないのに食べられる物がない
……
困った……
ああっ、ハンバーグ大好き!! よかった! 皆も笑顔《えがお》だし幸せ!!
よし!
かけるね!
あー!! ソースかけたら食べられなくなっちゃうのに!!
異物!
ダメ!!
ものすごくヒドイことをされた
もう何もかもおしまいだーどうしてお母さんはわかってくれないのぉぉ
という過剰な信号
何がイケなかったの……?
ゲームって楽しい!
幸せ!!
あははは
あははははは
ゲームおしまい
ブチ
あいつは敵だ!!
うわあああああん
覚醒《かくせい》レベルダウン
眠りの準備開始
スイッチOFF!!
もう頭も体も動かないよー
つらいよー
明るいよー うるさいよー 刺激がたえられない
わああん
緊急《きんきゅう》事態《じたい》発生
足が異常な痛みだぞ
きっとこれはヒドイ病気だ
過剰な情報
助けてえええ お母さあああん
大ゲサ~
ガーンッ
こんなに痛いのに、どうしてそんなに冷たいの!? ひどすぎる!!
信号

♣自分をコントロールできるようになれば大丈夫です

こういう子に必要なのは、自分をコントロールする力です。しかし、後で自分が困るとわかっていても、反応を止められず、感情的な行動をとって、周りから孤立《こりつ》してしまうのがまた、こういう子の特性です。

そこで大切なのは、自分をコントロールしてくれる親の存在です。

そのためには、まず親が、少し落ち着くことが必要です。

親がヒートアップしていると、子どももますます興奮してしまいます。

親が少し離《はな》れて一呼吸おく。疲《つか》れたときは、他の大人にしばらく変わってもらう。

親が少し落ち着いたら、子どもも徐々《じょじょ》に落ち着いてきます。

そこで、「どうしたの」とか、「嫌《いや》だったんだね」と気持ちを聞きます。

そのうえで、「そういうときは、言葉で言えばいいんだよ」とか、「こうすればいいんだよ」と教えていくと、比較的素直《ひかくてきすなお》に聞くことができます。

気持ちを言葉にできると、少し冷静になれるのです。

ガンガンッ
こんなまずいもん食べたくない!!
わあわあ
まずい!! カップラーメンがいい!! まずい!!
そんなに嫌《いや》なら、食べなくていい!!
ぎゃー
お母さんが、一生食べるなって言ったー!! 私に、死ねって言ったー!!
ぐぐぐ
いけない
もしもし、おばーちゃん! お母さんが、私に死ねって言ったよ ヒドイよ!
こんなときに一緒《いっしょ》にいると、絶対ロクなことにならない
一刻も早く、離《はな》れよう
飛び出しそうなひどい言葉の数々
むずむず
お互《たが》い、カーッとなっていったん、離《はな》れるのが得策です
バタンッ
ハーーッ
まずは、落ち着きましょう
何よ!!
あのバカタレが!!
親の心も知らないでさっ
ドスドス
落ち着けば、すべてうまくいきます

でも、考えてみれば大人でさえ、感情をコントロールすることは難しいんだから
あんな小さい子どもがパニックになってもしかたないよね……
悲しい感情で、いっぱいになって、どうしていいかわからなくなって
わぁぁぁん助けて〜!!
本人が、いちばん困ってたんだよね……
クールダウンしたら、子どもと向き合うことができます
ただいま
おかえり
大丈夫《だいじょうぶ》だよ、お母さんは怒《おこ》ってないよ
ホッ
まず、怒《おこ》っていないことを伝えて安心させましょう
そして、ぎゅっと抱《だ》きしめて
もう安心だ……
気持ちに共感します
シチューが嫌《きら》いなんだよね
そうなの
それなのに、出されたら嫌《いや》だよね。悲しくなっちゃったね
HSCは、もともと優《やさ》しく賢《かしこ》いので、冷静になればコミュニケーションは、うまくいきます
それなら、一口だけでいいよ
うん!
他にも食べられる物はあるから大丈夫《だいじょうぶ》だよ
うん
あなたの好きなトマト、たくさん出そうか
……お母さんありがとう
さっきはごめんなさい

♣安心できる環境だから、自分の素の気持ちが出せるのです

ですからこういう子につきあうのは、少し忍耐《にんたい》が必要です。

ただこれは、決してあなたの育て方のせいではありません。その子の持って生まれた性質なのです。

むしろ、安心できる環境《かんきょう》だからこそ、自分の素《す》の気持ちを出せる、ということでもあります。子育てが基本的にはうまくいっている証拠《しょうこ》です。

少し時間はかかりますが、成長するうちに、逆に、優《やさ》しさや豊かな感受性といった、その子の長所が発揮されて、素晴《すば》らしいお子さんに育つに違《ちが》いありません。

刺激追求型のHSCの日常

COLUMN

「子育てで困ったことがない」は、ちょっと心配

親が子どもの気持ちを受け入れ、そばにいて聞くようにすればするほど、幼いときは、「問題」が多くなります。なぜなら、子どもは、怒《いか》りや興奮、イライラした、傷ついた、怖《こわ》かった、という気持ちを、そのまま表現していい、と感じるからです。ただこういう場合は、子どもの興奮が治まるのを待ってから、どうすればいいかを教えることができます。

反対に、子どもの気持ちを受け入れないことが続くと、子どもは、受け入れてもらいたい、邪魔《じゃま》な存在になりたくない、と思って、自分の感情を隠《かく》してしまいます。するとその子は、自分の気持ちをどう処理したらいいかわからないまま大人になってしまいます。そうすると、いつか、もっと困った行動や症状《しょうじょう》で気持ちを表に出してしまうことになります。

ですから、「自分は子育てで困ったことがない。この子はいつも行儀《ぎょうぎ》がよくて」という親の話を聞くと、逆にちょっと心配になるのです。

8

「甘やかすから
わがままになる」
というのは間違いです

それでは、以上のようなHSC（ひといちばい敏感《びんかん》な子）の特性を踏《ふ》まえたうえで、親としてHSCを育てるために、どういうことが大切か、述べていきたいと思います。

子どもの要求を受け入れるのは、「甘やかし」ではありません

まず、HSCを育てる親御《おやご》さんが、周りからよく言われる言葉があります。

「過保護だ」とか、「子どもの言いなりになりすぎ」などの言葉です。

確かに、HSCに対する、親御《おやご》さんの接し方は、周囲から見ると、そのように見えることがあります。

例えば、保育園に連れていっても、激しく泣いて、母親から離《はな》れない。

子どもが、食べ物の好《す》き嫌《きら》いが多い、それを親が受け入れている。

そしてさらに言われることは、「だから、子どもがそんなに臆病《おくびょう》になるんだ」とか、「だから、子どもがわがままになるんだ」など。

要するに、親がそのような間違《まちが》った育て方をしているから、こういう子どもになるんだ、という言い方です。

しかし私はそのようなとき、親の育て方は、子どもの行動の「原因」ではなく、「結果」かもしれないと考えてみましょう、と言っています。

過保護だから、保育園になかなかなじめないのではなく、もともと敏感《びんかん》な特性があって、新しい環境《かんきょう》になかなかなじめない、不安が強い、だから、親御《おやご》さんがしばらく子どもの相手をせざるをえなくなる。

ちょっとしたにおいや味に敏感《びんかん》なので、においの強い食材などが苦手。今までさんざん、無理にでも食べさせようとしたけれど、そうすると、よけい泣きだしたり、食事の時間がお互《たが》いにつらいものになったりした。だから、親御《おやご》さんが結果として、子どもの味の好みに合わせるようにした、これも、親の行動は、「原因」でなく、「結果」です。

親の接し方が、子どもの行動の「結果」なのに「原因」だと思ってしまう誤り、ここから、多くの支援《しえん》の現場で、困っている親御《おやご》さんがよけいに追《お》い詰《つ》められる状況《じょうきょう》が生まれるのだ、と感じています。

HSCは、空腹や疲労《ひろう》、恥《は》ずかしさやイライラなど不快な状況《じょうきょう》になると、すぐに不安定になったり、自制心を失い、言うことを聞けなくなったりします。それを避《さ》けるために、子どもの要求を受け入れることは決して「甘《あま》やかし」ではなく、必要なことなのです。

周りのアドバイスは、HSCには刺激が強すぎます

9

幸せな人生の土台は「自己肯定感」です

9章

♣「自分は生きている価値がある」という気持ちが自己肯定感です

自己肯定感《じこうていかん》とは、自分で自分を肯定《こうてい》する気持ち、ということですが、これは単なる自信とは違《ちが》います。

「自分は生きている価値がある」「自分は大切な存在だ」「生きていていいんだ」「私は私でいいんだ」という、いわば、自分の存在に対する自信です。

自己肯定感《じこうていかん》は、心の成長の土台になるもので、これが土台になって、初めて、しつけやルール、あるいは勉強、といったものが積み上がっていきます。


人が幸せに生きられるかどうかは、この自己肯定感《じこうていかん》によります。自己肯定感《じこうていかん》が育っていれば、何事にも前向きに取り組むことができますし、少々つらいことがあっても、「なにくそ!」と乗《の》り越《こ》えることができます。

逆に自己肯定感《じこうていかん》が低いと、何事にもネガティブになり、自分を卑下《ひげ》したり、相手にキレやすくなったりします。

ですから、子どもの心を育てるうえで、何より大切なのは、自己肯定感《じこうていかん》を育てることです。そういう意味で、自《じ》己《こ》肯《こう》定《てい》感《かん》は、今や、子育てや教育を語るうえでのキーワード、この言葉を知らずして、子育てや教育は語れない、というくらい、大切な言葉になっているのです。

● 自己肯定感の高い人、低い人

COLUMN

自己肯定感は、自分のいいところも悪いところも、受け入れられて育つもの

自己肯定感《じここうていかん》という言葉は、近年随分《ずいぶん》広まってきましたが、まだまだ誤解されることが多いです。

その1つは、自己肯定感《じここうていかん》はどのようにして育つのか、ということです。

自己肯定感《じここうていかん》は、自分のいいところ、長所を見つけてもらって、ほめてもらう、それによって育つ、と言う人があります。もちろんそれも大事です。

しかしそれだけではありません。自分の悪いところ、ダメなところ、あるいは、怒《おこ》ったり泣いたりギャアギャア言ったり、そういうマイナスな部分も引っくるめて受け入れてもらって育つのが、実は自己肯定感《じここうていかん》なのです。

そんな悪いところまで受け入れていいのか、と思われると思いますが、大人のことを考えてもらってもわかると思います。

例えば、彼氏と彼女の場合。「私の彼氏は、自分のいいところ、あるいは彼氏にとって

都合のいいところは受け入れてくれるけれど、自分のダメなところ、彼氏にとって都合の悪いところは受け入れてくれない、拒否《きょひ》されてしまう」、そういう関係で、果たして安心してつきあえるでしょうか。

そうではなく、「私の彼氏は、自分のいいところもダメなところも全部引っくるめて受け入れてくれる、理解してくれる、愛してくれる」、それであって初めて安心してつきあえると思います。

全部引っくるめて愛されること

その「自分のいいところも悪いところも全部引っくるめて愛される」ことによって育つのが、自己肯定感《じここうていかん》なのです。

「では、悪いところも受け入れるというのは、悪いことをしていても、注意するなということか！」という声が聞こえてきそうです。

しかしそういうことではありません。

例えば子どもでいうと、お兄ちゃんが妹に意地悪をして、それをお母さんに見つかって、こっぴどく怒《おこ》られた。子どもからすると、あまりのお母さんの怒《おこ》りように、「もう自分はお母さんから嫌《きら》われたんじゃないか」「自分はもうこの家にいちゃいけないんじゃないか」と思います。

ところが、しばらくして晩ご飯の時間になると、「ご飯だよー！」とお母さんが自分を呼んでくれた。そこで初めて、こんな自分でも、お母さんは自分を受け入れてくれているんだ、自分もこの家にいていいんだ、と安心します。

それが、「自分のいいところも悪いところも受け入れられている」、という感覚です。

10

HSCが、自己肯定感を持ちにくい4つの理由

HSC（ひといちばい敏感《びんかん》な子）を育てるときにも、まず大切なのは、自己肯定感《じここうていかん》を育てることです。

ところが、HSCの場合、どちらかというと、自己肯定感《じここうていかん》を持ちにくい傾向《けいこう》があります。

その理由は4つあります。

理由1 しつけの影響を受けやすい

HSCは、ちょっとした否定の言葉を、強く受け取り、あたかも全部を否定されたかのように取ることがあります。

ちょっと注意しても、人格全体を否定されたように取ってしまうのです。それが続くと、自分はダメな人間なんだ、自分はいらない人間なんだ、と思ってしまうことがあります。

親としてはそんなことを言った覚えはないのに、あるとき子どもの口から、そういう言葉を聞いてびっくりすることがあります。

あるいは、何人かの子を一緒《いっしょ》に叱《しか》ると、他の子は、ヘラヘラと受け流しているのに、HSCだけ、強いダメージを受けていることがあります。

ちょっと注意しても、全面否定に取ってしまいます

理由2 自分に厳しい

ＨＳＣは、自分に厳しく、自分をネガティブに見がちです。

そして自分を責めています。
人に対しても容赦《ようしゃ》なく批判しますが、それ以上に自分の過《あやま》ちを深く受け止めます。

自分をネガティブに見がちです

理由3　手のかからない、いい子になりやすい

前の章で、子どもの自己肯定感《じここうていかん》は、自分のいいところも悪いところも全部引っくるめて受け入れられて育つものだ、と書きました。

ところがHSCは、親や大人の気持ちを敏感《びんかん》に察知するので、大人が自分に何を求めているのか、何を期待されているのか、鋭《するど》くキャッチする傾向《けいこう》にあります。

そして、大人が指示をする前に、大人の望む行動をとってしまうのです。

そうすると、大人からすると、「この子は聞き分けのいい子だ」「この子は手がかからなくていい」と思ってしまいます。そうすると、大人も楽なので、しだいに手をかけなくなってしまいます。そうすると、子どもは何とか自分でやろうとして深く考え、自分でできるようになってしまいます。そうすると、さらに手がかからなくなってしまいます。

しかし、能力的にはできたとしても、まだまだ子どもです。まだまだ大人の関心、大人のケアが必要なのです。

ところが、手のかからない、いい子になることによって、じゅうぶんな世話、関心を受けないまま、大人になってしまうことがあります。

あるいは、自分がいい子でいる間は受け入れてもらえるけれど、もし一度自分が悪いところを出したら、その途端《とたん》に嫌《きら》われるんじゃないか、見捨てられるんじゃないかと思っていることがあります。それがもう少し大きくなってから、赤ちゃん返りとか、試し行動といって、わざと悪いことをするとか、さまざまな心身症《しんしんしょう》という形で出てくることがあるのです。

大人の気持ちを敏感にキャッチし、大人の望む行動をとってしまいます

理由4 集団生活が苦手

これは、主に学校や、保育園、幼稚園《ようちえん》でのことですが、集団生活では、基本的には、皆《みな》と同じことができることがよいこと、集団の中でより優《すぐ》れている子がいい子と見られます。ところがHSCは、集団生活がまず苦手なので、自分の力を発揮するどころか、萎縮《いしゅく》してしまいます。

そういうところを周囲からは、「引《ひ》っ込《こ》み思案《じあん》」だとか、「神経質」というレッテルを貼《は》られてしまいます。

先生から、「どうしてあなただけできないの？」などと言われてしまいます。

そうすると、さらに「自分がダメなんだ」「自分の能力が低いんだ」と思って、自信をなくしてしまうのです。

決して、ダメなのでもないし、能力が低いわけでもない、ただ特性が人と違《ちが》うだけなのに、自分を否定的に取ってしまう、ということがあるのです。

集団生活は苦手ですが、能力が低いからではありません

11

敏感な子がイキイキと伸びるために親ができること

HSC（ひといちばい敏感《びんかん》な子）の自己肯定感《じここうていかん》を下げないためには、それぞれ次のような対応が必要です。

しつけの影響を受けやすい

対応

強い語調で叱らない

HSCを注意するときには、あまり強い語調で叱《しか》らない、優《やさ》しく注意するだけでじゅうぶんです。

全面否定にならないように、できている部分も必ず伝える。「この部分はいいよ。あとは、この部分がこうなるといいね」のように伝える。

ましてや体罰《たいばつ》は（他の子でもそうですが）特にHSCに対しては、厳禁といえるでしょう。

自分を責める

対応

いいところを見つけて、ほめるようにする

できているところ、長所を見つけてほめましょう（14章で詳《くわ》しく述べます）。

今日、ゆかちゃんがムシしてさっ
フン！
心の中では自分を責めています
あなたが怒《おこ》らせるようなことをしたんじゃないの？
ガーン
あなたは、みんなに優《やさ》しいし、いつも笑顔《えがお》だから大丈夫《だいじょうぶ》よ
安心……

手のかからない、いい子

子どもは、本来、手のかからないことなど、あるはずがありません。子どもは本来、大人のさまざまな手助けを必要とします。

もし手がかからないとするならば、それは子どもが、相当がまんをしているか、背伸《せの》びをしているのです。

それに気づいて、「そんなに無理をしなくていいよ」「自分の気持ちを言っていいんだよ」と伝えることが必要です。

対応

無理をしていないか考えましょう

♣手のかからない、いい子は、失敗をほめましょう

手のかからない、いい子を、ほめることはどうなのか、と聞かれることがあります。いいことをして、それをほめると、よけい、いい子になって、よけい背伸《せの》びをしてしまいます。

かといって、いい子でいるのに、「それはダメだ」と言っても、子どもはどうしていいかわからなくなります。

そういうときに、お勧《すす》めなのは、「失敗をほめる」ということです。

手のかからない、いい子でも、たまには失敗すること、あるいは自分の素《す》の感情を出すことがあります。

そういうときにすかさず、「○○ちゃんも失敗することがあるんだね。それも人間らしくて、とってもいいよ！」とか、「あ、○○ちゃん、怒《おこ》ったね。でも、嫌《いや》なときに怒《おこ》るのは当たり前のことだよ。嫌《いや》なときは嫌《いや》だ！って言っていいんだよ！」と言うと、子どもは、失敗した、あるいは自分の感情を出してしまった、と思って、「しまった！」と思っているのが、それを逆にほめられると、こんな自分でもいいんだ、と安心することができます。

関西の文化で、「ツッコミ」というのがありますが、「ツッコミ」とは、相手の欠点や失敗を笑いに変える技術です。

ツッコまれると、恥《は》ずかしい反面、どこかほっとする気持ちになるのは、そういうことなんだと思います。

※「集団生活が苦手」な子への留意点は、19章、学校の先生の関わりのヒントで、詳《くわ》しく書きたいと思います。

一言メッセージ

HSCは、ほめられて伸びる子です

すごいねー
さすがだねー
イキイキ
ぐんぐん

HSCに、厳しいしつけや叱責《しっせき》は、逆効果です。安心できる環境《かんきょう》で、ほめられて育ったHSCは、他の子よりも、プラスの影響《えいきょう》をより強く受けるのです。

12

ひといちばい敏感な子の自己肯定感を育む大切な10のこと

1 子どもを信じる

子どもは気づいていても、周囲の人はまだ気づかないので、子どもの意見に対して「気のせいじゃない？」とか「ウソ言わないの」と言ってしまうことがあります。

しかしその子は、人以上に敏《びん》感《かん》に察知する子なのです。感じたこと、気づいたことを常に否定されると、周りに対する不信感が育ってしまいます。

まずはその子の言うことを、そのまま信じましょう。

② 抱きしめる

子どもが、強い不安を感じていたり、パニックになっていたりするときは、抱《だ》きしめて、「大丈夫《だいじょうぶ》、大丈夫《だいじょうぶ》」と安心させましょう。

3 共感する

子どもが不快な思いをしていたら、その気持ちを否定せず、共感しましょう。
「チクチクして嫌《いや》なんだね」「まだ慣れてないから怖《こわ》いんだね」などです。
自分の気持ちをわかってくれただけで、子どもは安心することができます。

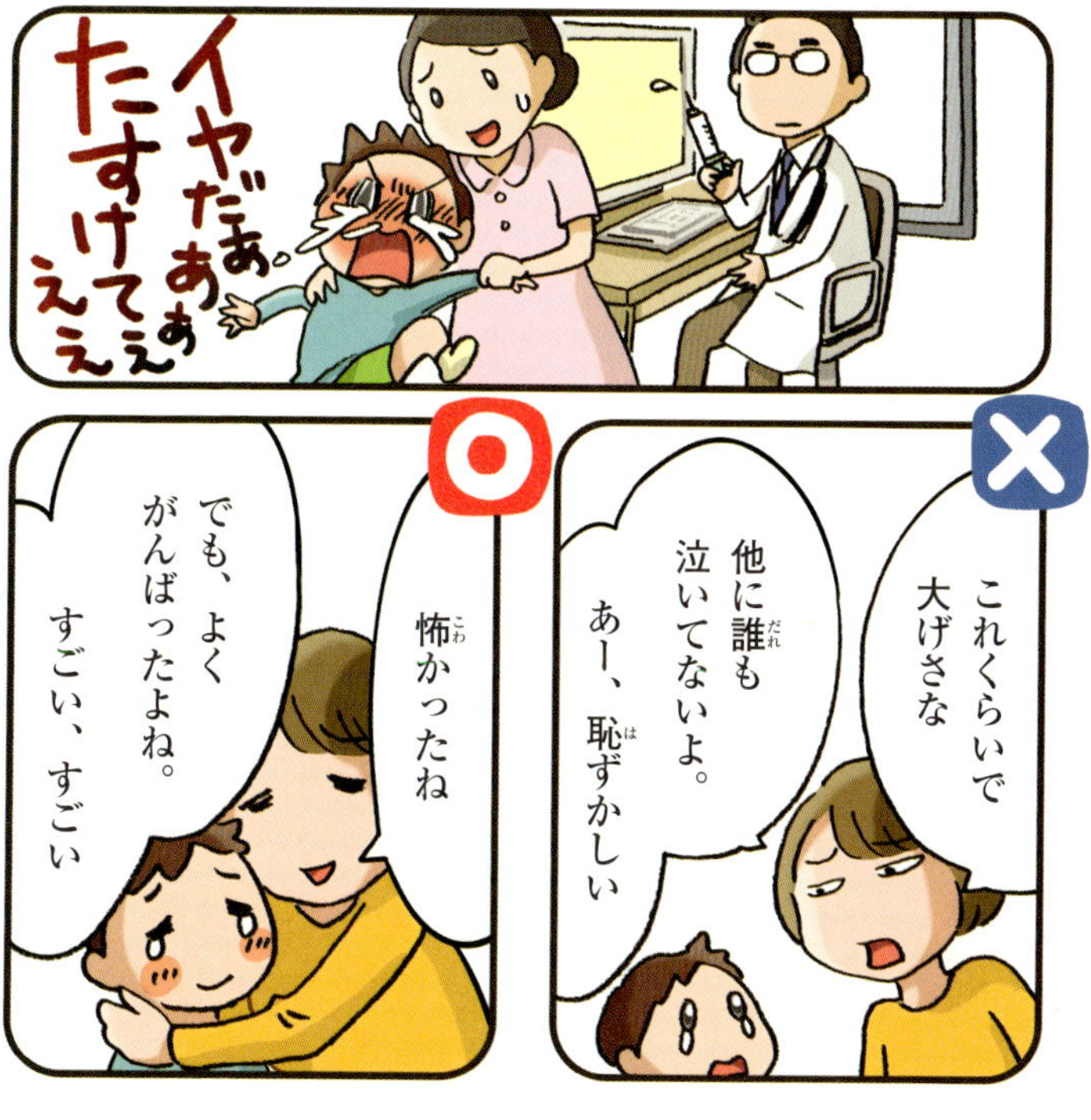

4 気持ちを言葉にして返す

強い感情に圧倒《あっとう》されて、暴れたり、攻撃的《こうげきてき》になったりすることもあります。

そういうときは、気持ちを言葉にしてかけましょう。

「思うようにならなくて、嫌《いや》だったんだね。ゆっくりすれば大丈夫《だいじょうぶ》だよ」

「断られて嫌《いや》だったんだね。『じゃ、次は自分にやらせてね』って言えばいいんだよ」

気持ちを言葉にできるようになると、かんしゃくや暴れることは減っていきます。

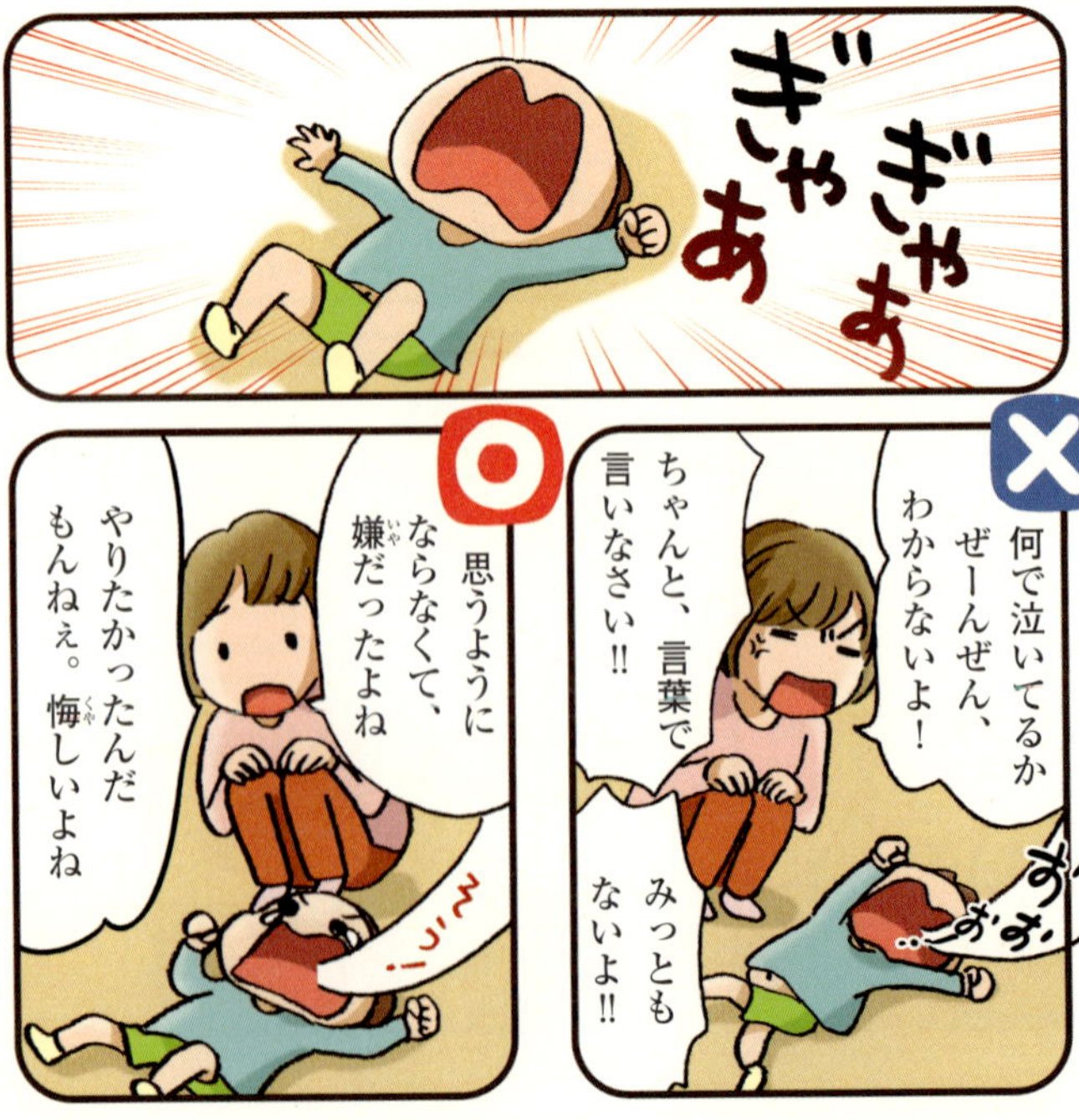

5 ネガティブな感情を吐き出させる

嫌《いや》だった気持ちを、ワーッと吐《は》き出《だ》すと、子どもは自分の気持ちに気づくことができます。それを受け止めてもらうと、自分でもその気持ちを受け止めることができるようになります。「何でも話していいんだよ」という気持ちで聞きましょう。

特にアドバイスはしなくても、聞くだけで子どもは落ち着いてきます。

6 スモールステップを設定する

失敗体験に弱く、ダメージを受けてしまうことがあります。成功体験を重ねられるように、目標は細かく分けて、1つずつ、「できた!」という達成感を持ちながら進めるようにしましょう。

そのためには、できたことを大人が言葉にして、「朝ちゃんと起きられるようになったね」「何時までにご飯が食べられるようになったね」と伝える。大人が、「ちゃんとできているよ!」と言葉で伝えることが、達成感につながるのだと思います。

7 心の安全基地を作っておく

特に初めての経験には不安を感じやすいので、心の安全基地、逃《に》げ道《みち》を作っておきましょう。

「行くだけ行って、嫌《いや》だったら戻《もど》ってこよう」とか、「やりたくなければ、先生に伝えてね。そうすれば無理してやらなくていいように、お母さんから先生に伝えておくから」などと伝えましょう。いざとなったら、逃《に》げ道《みち》もある、と思うと安心して、前に進めるようになります。

8 その子のペースを尊重する

ＨＳＣを育てるときの、大原則といっていいのが、「その子のペースを尊重する」ということです。

子どもが「嫌《いや》」と言ったら、本当に嫌《いや》なのです。子どもが「怖《こわ》い」と言ったら、本当に怖《こわ》いのです。

「そんな嫌《いや》がってどうするの。そんなことだったら、何もできないじゃないの！」とか、「怖《こわ》くない、怖《こわ》くない。大丈夫《だいじょうぶ》だから！」と私たちは、つい言ってしまいます。しかしその前に、まず、これは子どもにとって、本当に嫌《いや》なことなんだ、怖《こわ》いことなんだ、と認めることが必要です。

「どうしても嫌《いや》なんだね」「怖《こわ》いんだね」と認めて声をかけましょう。そしてちょっと待ちましょう。

子どもはちゃんと、本当はどうしなければならないか、わかっています。それでも、不安だから、確認に時間がかかるから、「待って！」と言っているのです。そういうときは、無理強《むりじ》いしないようにしましょう。

子どもが確認を終え、大丈夫《だいじょうぶ》と安心できたら、必ず子どもは一歩を踏《ふ》み出《だ》すことができます。そちらのほうがよほど自信になります。

逆に、無理強《むりじ》いすると、子どもはパニックとなり、過呼吸になったり、気を失ったりすることさえあります。そうなったら、「そうなった」ということ自体がトラウマとなり、もう二度と近づけなくなります。

ひといちばい敏感《びんかん》な子には、ひといちばい安心感が必要です。「自分のペースを尊重してくれる」「自分のことを信じてくれている」、その安心感が、一歩踏《ふ》み出《だ》す勇気になるのだと思います。

✕ お母さんのペースで推し進める

子どものペースを尊重する

9 少し背中を押してみる

そして、HSCを育てるときに、もう1つ大切なことがあります。

それは、親から見て、これは絶対大丈夫《だいじょうぶ》！と思ったときには、ちょっと背中を押《お》してみる、ということです。

子どもが不安になるのは、ちゃんと理由のあることも多いですが、それでも、必要以上に怖《こわ》がったり、考えすぎたりしていることも少なくありません。そのときに（あくまで控《ひか》えめに）「大丈夫《だいじょうぶ》！　君ならできる」と背中を押《お》してやることで、子どもは、勇気を振《ふ》り絞《しぼ》ってチャレンジし、うまくいけば、それがまた自信になる、ということもあるのです。

「子どものペースを尊重する」ことと、「ちょっと背中を押《お》す」ことは、矛盾《むじゅん》するように思いますが、実は両方大切なことなのだと思います。

子どもが考えすぎていたら、ちょっと背中を押す

10 他人と比べるより、自分のゴールを目指そうと伝える

他人と比べられると、よけいなプレッシャーがかかり、うまくいかなかったり、楽しめなかったりします。

他人との競争に勝つことよりも、自分のゴールを目指せばいいのだと伝えましょう。

歌にしてもサッカーにしても、プロになることも素晴《すば》らしいですが、楽しむことのほうがもっと大切なのです。

負けたー!!
くそー!
あいつのせいで!!
こいつのミスで!!
このチーム最悪!!
負けちゃったけど……
楽しかったー!!
次もがんばるぞー!!

そうして子どもの安心感を育《はぐく》むことが、何よりＨＳＣの自己肯定感《じここうていかん》を育てることになるのです。

一言メッセージ
敏感な子は
人の笑顔が
本当に大好きです

13

「この子はこの子でいいんだ」境界線を引くと、子どもは、伸び伸びと成長します

HSCを育てることは、幸せなことがたくさんある一方で、たいへんなことも多々あります。そしてHSCを育てるたいへんさが、周囲の人になかなかわかってもらえない、ということがあります。

♣とても手がかかる状態になっているときは、子育てがうまくいっている証拠です

実は、HSCは、過酷《かこく》な環境《かんきょう》（虐待《ぎゃくたい》など）では、とてもいい子になります。親の機嫌《きげん》を読んで、それに合わせるからです。

逆に、安心できる環境《かんきょう》だと、細かいことを聞いてきたり、かんしゃくを起こしたり、文句が多かったり、ある意味、手のかかる子になります。

ですから、HSCが、とても手がかかる状態になっているときは、その環境《かんきょう》は、とてもいい環境《かんきょう》で、子育てがうまくいっている証拠《しょうこ》です。

安心して自分を出せるから、そのようになっているのだと思っていただきたいと思います。

しかしそうは思っても、親も人間ですから、ついついいっぱいいっぱいになってしまうことがあります。

ですから、そういうときの親自身のケアがまた必要なのです。

考え方を少し変えることで、子育てがラクになることがあります。

そのポイントをいくつかお示ししたいと思います。

♣ 5人に1人の子を育てるときは、合わないアドバイスも多いのです

子どもを育てていると、周囲の人からさまざまなアドバイスを受けます。「もっとこうしたらいいんじゃない？」「あなたがこうだから、子どもはこうなるのよ」などです。

しかし特に、HSCを育てるときには、そういうアドバイスは、たいてい的外れで、役に立ちません。

5人に1人の子を育てるときに、5人に4人の子育てのアドバイスは、合わないことが

多いのです。

しかし、何度も何度も言われると、「やっぱり自分が間違《まちが》っているんじゃないか」「やっぱりこの子がおかしいんじゃないか」と思えてきます。

そうすると、子どもを無理やり、5人に4人のタイプに押《お》し込《こ》めようとしてしまいます。

そうすると、子どもも親も苦しくなります。

帽子《ぼうし》が頭のサイズに合わないために、頭を削《けず》って帽子《ぼうし》に合わせようとすることになってしまうからです。

帽子《ぼうし》が合わないときは、帽子《ぼうし》を頭のサイズに合わせればいいのです。

どんな人も、自分の生きやすい生き方を選ぶ権利があるのです。

「この子はこの子でいいんだ、私は私でいいんだ」と、親も子も思っていいのです。

そのために大切なことは、何でしょうか。

♣ 他人と自分との間に、境界線を引いてみましょう

それは、周囲と自分の間に、境界線を引く、ということです。

境界線とは、「バウンダリー」ともいい、近年、カウンセリングの世界でもよく聞かれる言葉です。

これは、他人と自分を区別するラインです。自分は自分であって、他の人のものではありません。

他人が、許可なく、自分の領域に入ることは許されませんし、自分が、他人の領域に無断で入ることも許されません。この境界線を越《こ》えて相手の領域に入ることを、「侵入《しんにゅう》」といいます。

これは何も、家や土地への侵入《しんにゅう》だけではありません。人間関係でも侵入《しんにゅう》はあります。

相手が、自分の心の中に、ずかずか土足で入《はい》り込《こ》んで、「あなたはこうだ」とか、「こう

するべきだ」と言う場合。あるいは、自分が、他人に対して、「あなたのためを思って、言っているのよ」「あなたには裏切られたわ」と言う場合。

もちろん、他の人の意見は、それなりに尊重すべきではありますが、他人が自分のことをすべて知っているわけではないし、正しいとは限りません。ましてや、その人の言うとおり従わなければならない理由はありません。最終的には、自分で判断し、自分で決めればよいのです。

境界侵入

お風呂《ふろ》に入るよ
ヤダ
ふだんから、甘《あま》やかしているから、子どもになめられるのよ。もっと、ビシッとしつけないと
電気消しちゃえばついてくるわよ！
やっぱり、そうかな……
よその子は、みんなもっと聞き分けがいいし、きっと私の育て方が悪いんだわ……
甘《あま》えるんじゃないの!!
パチンッ
ギャー!!

境界線を引く

ふだんから、甘《あま》やかしているから、子どもになめられるのよ。もっと、ビシッとしつけないと
電気消しちゃえばついてくるわよ！
それで言うことを聞く子もいるかもしれないけど、うちの子には、合っていないわ
そんなことをしたら、きっと傷つくと思うから私はやめておこう
人形遊びをしていたんだね
パアッ
それじゃあ、お風呂《ふろ》に2つだけ、持っていっていいから、お風呂《ふろ》で続きをしよう
この子は、この子でいいし
私は、私でいいんだわ
お母さんはミカちゃん人形ね！

♣ 他の子と違う子を育てようとするなら、他の親と違う親になる覚悟が必要です

アーロンさんは、HSCを育てるときの親の座右の銘《めい》として、次のように言っています。

「他と違《ちが》う子の親になるなら、他とは違《ちが》う親になる覚悟《かくご》が必要です」

確かに、HSCは、他の子と少し違《ちが》います。ですから、他のHSCでない子の親にアドバイスを求めても、うまくいかないことが多々あります。一般《いっぱん》に有効だといわれている子育て法を試しても、なかなかうまくいきません。しかしその子には、他の子にはない、素《す》晴《ば》らしいところもたくさんあります。

大切なことは、周囲のアドバイスには惑《まど》わされず、まずわが子のことをしっかり見て、その子に必要なこと、必要でないことを親自身が考えていく、ということです。

それでも、最初はうまくいかないことも多々あると思います。それでも徐々《じょじょ》にうまくいくようになります。なぜなら、答えは、すべて、目の前の子どもが教えてくれるからです。

HSCを育てる親にとって大切なのは、周囲と一定の境界線を引いて、「この子はこの子」と考えていくこと。

そして、他の人の意見や、一般的《いっぱんてき》な育児アドバイスとは少し距離《きょり》を置いて、何よりも、目の前の子どもの声に耳を傾《かたむ》けていくこと。
それが、何より大切なことだと思っています。

一言メッセージ

HSCを育てるのは大きな喜びです

見たこともないほどの美しい花が咲いた！
ステキ♡

他の子どもと違《ちが》うことに、
動揺《どうよう》したり、皆《みな》と同じようになって
ほしいと思うこともあるでしょう。
しかし、青い瞳《ひとみ》の子を黒い瞳《ひとみ》に
無理やり変える必要はありません。
子どもの言うことを信じて、
子どもの心に沿った対応をしていけば、
思いやりを持って、生き生きと活躍《かつやく》する、
素晴《すば》らしい大人に成長します。
HSCを育てるのは大きな喜びです。

14

すでに持っている、子どものいいところに目を向けましょう

14章

♣つらいときは、よい面を見ると、前向きになります

私たちは、ついつい悪いところ、困ったところに目がいきます。

親御《おやご》さんに「子どもの困ったところを挙げてください」と言うと、10個も20個もするすると出てきます。

「では、いいところを挙げてください」と言うと、

「うーん」となって、全然出てきません。

ようやく絞《しぼ》り出《だ》しても、せいぜい1個か2個です。

しかし、本当にそうでしょうか。

HSCは、素晴《すば》らしいところをたくさん持っています。

優《やさ》しいところ、気がつくところ、正義感の強いところ、繊細《せんさい》なところ、ユーモアのセンス、創造性、芸術への感性などなど。

子育てがつらくなったら、子どものいいところに

目を向けていきましょう。すると、気持ちも落ち着いてくるかもしれません。

もしどうしても、子どものいいところが見つからない、というときは、自分のいいところをまず探してみましょう。悪い点は目をつぶって、自分の長所を挙げてみましょう。

「いや、そんな長所なんてありません。ついつい子どもを怒《おこ》ってしまうし、ご飯も適当にしか作れないし」と思っているかもしれませんが、そんなことはありません。

少なくとも、子どものために、この本を買って読んでいる、それだけで、じゅうぶん素《す》晴《ば》らしい親御《おやご》さんだと思います。

悪いところには目をつぶり、長所を見るようにしましょう

後ろ向きになったときほど、よい面を見る

よい面を見ると、気持ちが前向きに

活発で、
友《とも》達《だち》が多くて、
誰《だれ》にでも物おじせずに
意見が言えて……

こんなことを
望んでいたけれど

その宝物は、
この子にはないんだと
知ることも大切です

代わりに、
この子は別の宝物を
持っています

その宝物を見つけて
大切に磨《みが》いていけば

その子らしく輝《かがや》いて、
生きていくことができます

15

HSCの特性は、見方を変えれば子どもの長所の表れです

15章

♣マイナスをプラスに変える　魔法のリフレーミング

ＨＳＣの特性は、スピードや大胆《だいたん》さに価値を置く世相からすると、ネガティブなレッテルを貼《は》られることも少なくありません。

「子どもがご飯を食べない」「人見知りする」「心配性《しんぱいしょう》」「神経質」「傷つきやすい」「挑戦《ちょうせん》意欲《いよく》がない」などなど……。

周囲からそのように言われて、傷ついたり、「やっぱりこの子はどこかおかしいのかも……」「自分の育て方が悪かったのかも……」と悩《なや》んだりしている親御《おやご》さんもあるかもしれません。

しかしこれらのＨＳＣの特性は、育て方ではなく、持って生まれたものですし、見方を変えれば子どもの長所の表れでもあるのです。

「子どもがご飯を食べない」ということは、「ゆっくり咀嚼《そしゃく》して、味わって食べる」ということかもしれません。

「人見知りする」というのは、「知らない人にはついていかない」ということですし、「心《しん》配性《ばいしょう》」は、「いろんなリスクを想定する」ということです。

「神経質」は「繊細《せんさい》」、

「傷つきやすい」は「優《やさ》しい」、

「挑戦意欲《ちょうせんいよく》がない」は、「慎重派《しんちょうは》」ということです。


このように、別の見方をすることを、「リフレーミング」といいます。

物事には、必ずマイナスの面もあれば、プラスの部分もあります。

子どものマイナスの部分ばかり見てしまうようなら、少し立ち止まって、それは長所とも言《い》い換《か》えられないか、考えてみてはどうでしょうか。


そしてそれは、親にとっても同じだと思います。

子どものことで悩《なや》んでいる、ということは、それだけ、子どものことを心にかけている、ということですし、ついつい子どもにキレてしまうのは、それだけ子育てをがんばっている証拠《しょうこ》です。

そういう自分をぜひ、認めていただきたいと思います。

Let's リフレーミング！

プラス　マイナス

ご飯を食べない
必要な量が、自分でちゃんとわかっている
これでOK！
ゆっくりかんで、味わって、食べている
人見知りする
……
……
そうでない人には心を許している
心配症《しんぱいしょう》
あれ大丈夫かな……
これ大丈夫かな……
いろんなリスクを想定できるから、失敗が少ない
持ってきてよかった
神経質
げほっげほっ
細やかな心配りができる
マスク使う？
余分に持ってるよ
わーありがとう
傷つきやすい
怒られた……
人に優《やさ》しい
どうしたの？
挑戦意欲《ちょうせんいよく》がない
やろうやろう！
……
慎重派《しんちょうは》
まずはじっくり観察
ワイワイ

16

白か黒かではなく、グレーを認めると、人生はぐっと楽になります

16章

♣完璧にできなくても、できたところを認めましょう

ＨＳＣは、完璧主義《かんぺきしゅぎ》のところがあるので、ちょっとでもマイナスがあると、全部だめ、と思ってしまうことがあります。

真っ白でなければ、それは黒と一緒《いっしょ》、というような感じです。

しかし真っ白でなくても、グレーということはあります。グレーにもいろいろあります。少なくとも真っ黒ではありません。

０か１００か思考、ともいわれます。

１００でなければ、それは０と一緒《いっしょ》、というような考え方です。

しかしそうではありません、１００でなくても、60とか70なら、それは０ではありません。

10でも20でも、０ではありません。そういうグレーの部分を認めましょう、ということです。

思ったことが完璧《かんぺき》にできなくても、できたこともあるはずです。それを認めましょう。

人に対してもそうです。少し悪いところがあったとしても、100パーセント悪人はいません。また100パーセントの善人もいません。

ところが、敏感《びんかん》な子は、いい人と思っていても、少し悪いところが見えると、それにショックを受け、「あの人は本当は悪い人だ」と、オセロゲームのように、全部黒に変わってしまうことがあります。

しかし、たとえ悪いところが見つかったとしても、それですべて悪、というわけではありません。100パーセントの善人もいないし、100パーセントの悪人もいない、人はみんなグレーなのだ、ということが少しずつでもわかってくるといいなと思います。

1つ嫌なことがあると、全部ダメと思いがちです

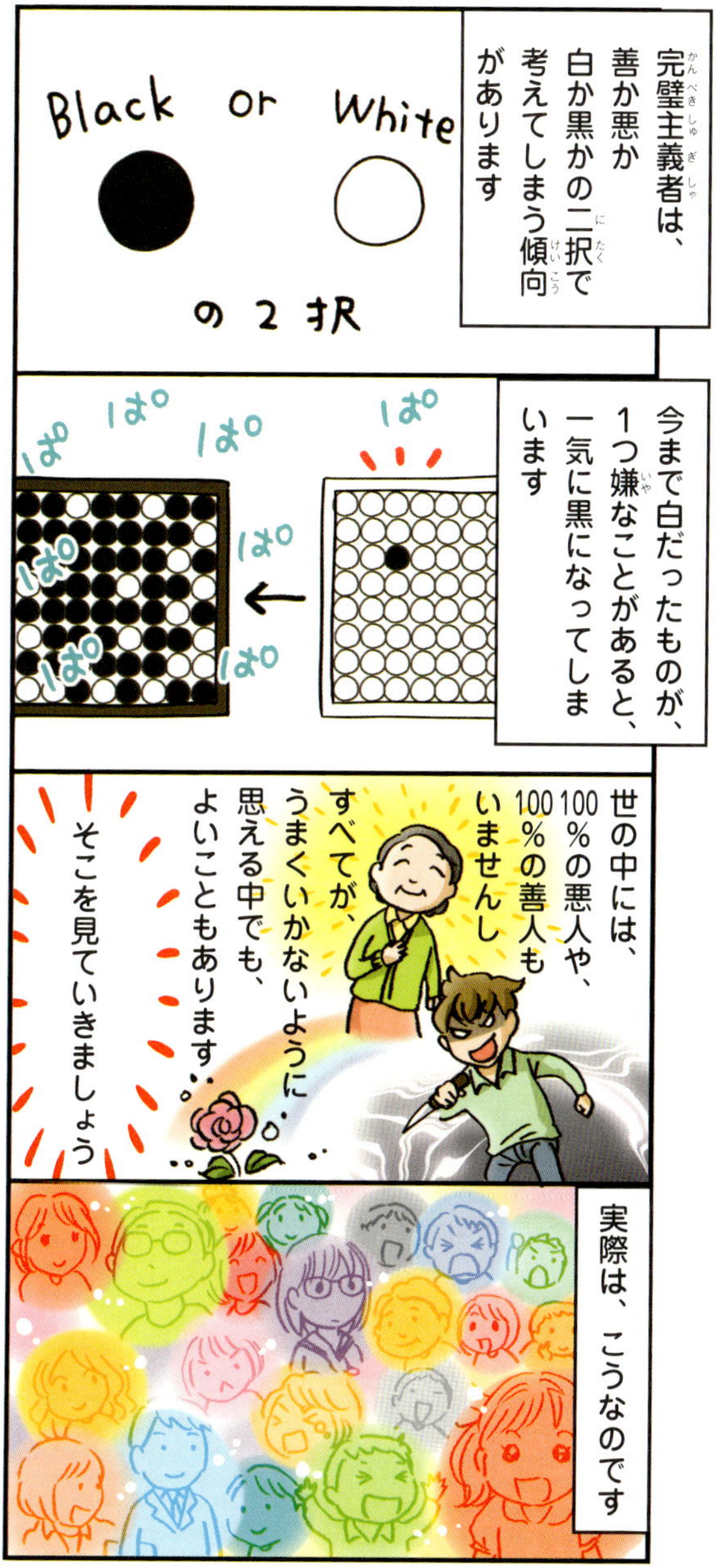

♣好きなお母さんのトップは、「失敗するお母さん」

そしてこれも、子どもだけでなく、親自身にとってもそうです。

100パーセントの親を目指すのは、素晴《すば》らしいかもしれませんが、人間だからすべて完璧《かんぺき》、というわけにはいきません。

むしろ、欠点もあるから人間らしいともいえるし、いつもいつも完璧《かんぺき》を目指していたら、疲《つか》れてしまいます。

子どもたちに、どういうお母さんが好き?と聞いたら、トップは、「失敗するお母さん」だったそうです。

何でも完璧《かんぺき》にできるお母さんより、時々はドジを踏《ふ》んで、「あら! また失敗しちゃった!」というようなお母さんのほうが、安心できるのだと思います。

すべてが完璧な子どもはいません

お母さんにも、ダメなところもあればよいところもある

同じように、自分も
また どなって しまった
また感情で 叱《しか》りつけてしまった!!
失敗したときには 落《お》ち込《こ》むけれど……
完璧《かんぺき》なお母さんなんて 絶対、存在しないから
うふふ
今日は あなたの好きな シフォン ケーキを 焼いたのよ
わーい
ドラマのような親子
うまくできたことが あったら、むしろ、 そっちに注目しなくちゃ
本日は 親も イライラせずに 登園できました〜!!
さすが自分〜〜!!
自分OK!
子どももOK!!

苦手な人にも、よい面があります

そして、他の人のことでも――
今まで親しくしていた人に、1つでも、嫌《いや》なことがあると、ちょっと苦手になってしまって
気がつけば
あの人も、この人も……
苦手な人が大勢――
なんてことに、なったりするけれど
でも、私が苦手なこの人だって意外と奥《おく》さんには優《やさ》しいらしい
近頃の若いモンは！
まったく！
誰《だれ》にでもよい面もあれば、悪い面もある、それが本当なんだね
完璧《かんぺき》を目指さなければ、すごく楽になった

17

お母さんからの質問①

「ママ、怒るから泣いちゃう」と子どもが言います。でも、私は怒っていません

Q

いつも叱《しか》ってしまうせいか、家でピアノの練習をしている息子《むすこ》（6歳）に「ここは、○○したほうがいいんじゃないかなー」と言うと、怒《おこ》って泣いてしまいます。

「ママ、怒《おこ》るから泣いちゃう」と言うのですが、

私は怒《おこ》っていません……。

どのように、練習につきあえばよいのか困っています。

上手《じょうず》にできているところはほめているのですが、それ以外で何かよい教え方があれば知りたいです。

Ａ

ちょっとアドバイスをしているだけなのに、否定されたと取って、怒《おこ》ってしまったり、すねてしまったりする子があります。「怒《おこ》ってないじゃないの！」と言っているうちに、本当に怒《おこ》ってしまっていることがあります（笑）

この親御《おやご》さんは、自分がいつも叱《しか》ってしまうせいじゃないか、と思われているようですが、私は必ずしもそうだとは思いません。むしろ、このお子さんが、ひといちばい敏感《びんかん》な子であることが関係しているのではないかと思います。

敏感《びんかん》な子どもは、ちょっとした注意を、全面否定と取ってしまうことがあります。決してそんな言い方をしていないのに、そう取ってしまうのは、それもその子の１つの性格なのです。

さてそこでどうするかですが、まずこのような敏感《びんかん》な子は、大きな音や刺激《しげき》に反応するので、この子に合わせた刺激《しげき》の強さを考える必要があります。小さな声で、そっと伝える、などです。ふつうの子に言うような口調が、このような子にとっては、暴力的と映ることがあるのです。

あとは、ちょっとした否定を全面否定と取りがちなので、言葉で、そうではないこと、ちゃんと認めている部分もあることを伝えます。

「〇〇ちゃんは、こういうところ、すごくうまくなったね。あとは、〇〇のところをこうすれば、完璧《かんぺき》だと思うな」などです。こういう言い方をすれば、怒《おこ》って泣くということは、まずなくなると思います。


それでも、泣く、という場合は、しばらく注意をやめるのも、一法かもしれません。

子どもを伸《の》ばすには、大きく分けて、2つの方法があります。

♣できていないところを、できるように直す

1つは、できていないところを指摘《してき》して、できるように直していく方法です。これは、できていないところが手っ取り早く改善される反面、できていないところがたくさんあると、否定のメッセージが多くなり、逆に子どものやる気をそいでしまいます。

できていないところに注目すると……

早く直るメリットがありますが、できていないところがたくさんあると、否定のメッセージが多くなり、逆にやる気をそいでしまいます。

♣できていないところは目をつぶり、できているところをほめる

もう1つの方法は、できていないところはあまり問題にせずに、できているところをほめて、伸《の》ばしていく方法です。そしてできているところが伸《の》びていったら、自信がついて、自然とできていないところも目立たなくなる、あるいは、自分で気づいて改めるようになる、という考え方です。

これは改善するのに時間がかかる、という意味では、ちょっと手間のかかる方法かもしれません。しかし少なくともこの方法には、子どもを全面否定してしまったり、捨《す》て鉢《ばち》になってやる気を失わせたりする心配はありません。そういう意味で、時間はかかるが、安全な方法といえるでしょう。

どちらがいいとはいえません。それぞれのメリット、デメリットがあります。大切なことは、両方のやり方を知っておいて、子どもの状況《じょうきょう》によって使い分ける、ということではないかと思います。

そして、このお子さんの場合には、後者のやり方のほうが、合っているような気がします。

できているところをほめると、自信がついていく

少し時間がかかりますが、できているところが伸《の》びていくと、自信がついて、自然とできていないところも目立たなくなります。

ただ、最後に言いたいことは、子どもが泣いてしまうことにこの親御《おやご》さんは困っておられるようですが、子どもというのは泣くのが仕事です。泣いても、またしばらくすると、ケロッとして、元気になっています。そういう意味で、あまり子どもが泣いたり、傷ついたりすることを、心配しすぎる必要はないと思います。

子どもの心というのは、意外に柔軟性《じゅうなんせい》や回復力を持っています。むしろ、ケンカもし、バトルもしながら、お互《たが》いに成長していくのが、子育てではないでしょうか。

18

お母さんからの質問②

無理をさせたくないので学校を休ませると、周りから「甘やかしている」と言われます

Q

クラスメイトにからかわれ、学校に行きたがらなくなりました。

おそらく、うちの子はＨＳＣだと思います。

無理をさせたくないのですが、担任の先生はＨＳＣについて理解してくださらず、何とか教室に戻《もど》そうと話をされます。

また、弟たちからは、「お姉ちゃんは疲《つか》れたらすぐ学校休んでずるい‼」と言われてしまいます。夫にもわかってもらえません。

周りからは、甘《あま》やかしているように言われてしまいます。それに、友《とも》達《だち》を避《さ》けてばかりだと将来人間関係を築けるのか、とても不安になります。

A

まず、お母さんが、子どもの特性を知り、HSC（ひといちばい敏感《びんかん》な子）だと気づかれたことが、何より、お子さんにとって幸せなことだったと思います。

そのうえで、お母さんとすると、なかなか周囲の人に理解してもらえない、という悩《なや》みですね。これは、HSCについて、まだまだ知られていないこの日本では、本当によくある悩《なや》みです。

すべてではありませんが、HSCの中には、「学校は地獄《じごく》のようなところだった」と言う子があります。

それほど、学校という環境《かんきょう》は、HSCにとっては、なかなか過酷《かこく》な環境《かんきょう》なのです。

やんちゃな男の子たちは、平気で人をたたいたり、悪口を言ったりします。HSCにとっては、そのような、平気で人を傷つけるようなことをすること自体、信じられないし、許すことができません。

またそういう子たちを叱《しか》る先生も、なかなか子どもが言うことを聞かないので、大きな声でどなります。それがまたHSCにとっては、びっくりしたり、不安になったりします。

順番が回ってくると、人前で発表しなければなりません。それも大きなエネルギーのいることですし、少し時間がかかると、「早くしろよ!」とからかわれることもあります。人のことなど無視して、自分のことだけ考えればいいのに、HSCにはなかなかそういうことができません。泣いている子がいると、心配になりますし、イライラしている子がいても、また影響《えいきょう》されます。

給食の時間になると、苦手な食材も無理やり食べなければなりません。

1日学校に行って帰ってくるだけで、どっと疲《つか》れてしまうことがあるのです。

HSCにとって学校とは、決して行けて当たり前の場所ではない、なかなかたいへんな場所なのだ、ということを、まず大人が知ることが第一だと思います。

♣敏感さを周囲の人に理解してもらうには

周囲の人に理解してもらうためには、例えば、この本を読んでもらってもいいですし、あるいはこの本の19章に、HSCに接するときに大切なことが簡潔にまとめて書いてあるので、コピーして渡《わた》していただいてもかまいません。

これは学校の先生だけでなく、夫や、祖父母に理解してもらうためにも、とても有用です。

特に、自分の子に当てはまるところに、ラインマーカーで印をつけるとか、あるいは、それらを参考にして、お母さんが、「自分の子どもには、このように接してほしい」という説明書を作ってもいいと思います。

ちゃんと知識を伝えると、理解してくれて、対応を変えてくれる人もいます。それならそれでOKです。

しかしそのように聞いても、なかなか理解しようとしない人、こういう考え方を否定する人もいます。

繰《く》り返《かえ》し伝えたり、あるいは、子どものつらそうな様子を何度も見聞きしたりすることで、少しずつ理解するようになる人もあります。

どうしても理解してもらえないときは、境界線を引きましょう

しかしそれでも、どうしても理解しない人もあります。

そういうときには、お母さん自身が、そういう人と、境界線を引く、ということが大切です（13章参照）。

たとえ相手がどう言おうと、ＨＳＣに、無理強《むりじ》いしない、その子のペースを尊重する、というお母さんの方針は絶対に間違《まちが》っていないし、正しいことです。皆《みな》と一緒《いっしょ》に学校に行けないのは心配だ、という周囲の心配はわかりますが、お母さんだって最初はそのように思って、接してこられた、でもどうしてもそれが難しくなってきたから、どうしたらよいか、悩《なや》んだ末、今の対応に行き着いたのです。

決して甘《あま》やかしているとは思いません。

● 相手がどう言おうと、子どものペースを尊重する

♣ きょうだいにかける言葉

確かに、弟たちは理解できないと思います。こういうとき、きょうだいにかける言葉の定番がありますから、覚えておいてください。

それは、

「あんたは元気だから、学校行くの！　お姉ちゃんは事情があるんだから」

ではなく、

「あんたも、学校行きたくないって思うときがあるんだね。いろいろたいへんだよね。そんな中、よくがんばって学校行っているよね」

という言葉です。

きょうだいだって、学校行って当たり前ではない、つらいこともある、それを毎日行っている、そのがんばりを認めていくのです。

ＨＳＣは、５人に１人といわれています。確かに、同調圧力の強い日本の学校では苦労することも多いです。

しかし社会に出れば、いろんな人がいますし、いろんな仕事があります。決して人間関係を築けないとは思いません。

どうしても学校が合わない場合は、別室登校やフリースクール、塾《じゅく》、家庭教師、ホームエデュケーションという選択肢《せんたくし》もあります。

この日本でも、もっともっとＨＳＣのことが知られて、適切な対応がなされるようになることを願ってやみません。

一言メッセージ

味方になってくれる人の存在が大きな安心感となり、ストレスに左右されない力となります

学校生活や、友達《ともだち》関係《かんけい》で、
傷つくことがあっても、
味方になってくれる人の存在があれば、
大きな安心感となります。
その安心感は不可欠です。
じゅうぶんな安心感が得られれば、
ストレスに左右されない力が身につきます。

19

学校の先生のために

ひといちばい敏感な子に
必要なのは、
「先生は自分の味方」という
安心感です

ＨＳＣ（ひといちばい敏感《びんかん》な子）にとって、起きている時間の半分を過ごす学校は、とても重大な意味を持っています。

学校でも、その特性が理解され、配慮《はいりょ》した関わりがなされれば、ＨＳＣは、その才能を発揮し、クラスでとても大切な役割を果たすでしょう。逆に、本人にとってつらい状況《じょうきょう》が続くと、しだいに教室に入るのが怖《こわ》くなり、不登校にもなりかねません。

現場の学校では、たとえ先生がＨＳＣという言葉を知らなくても、一人一人の子どもをよく見て対応されることで、元気に学校生活を送っている子どももたくさんあります。

そのうえで、先生方に、ＨＳＣの特性をさらによく知っていただければ、未然に防げる困難も多くありますし、さらに生き生きと生活することができるでしょう。

そこで、先生の関わりのためのヒントをいくつか述べたいと思います。

1 クラスの5人に1人は、HSCであることを知りましょう

まず、子どもの中には、HSC（ひといちばい敏感《びんかん》な子）がいる、ということを知りましょう。

そしてその特性を理解しましょう。

HSCは、5人に1人の割合でいるといわれます。これは障がいや病気ではなく、1つの持って生まれた性格です。

育て方でなるのではありません。

音やにおい、味などにとても敏感《びんかん》です。

人の気持ちをよく察知します。

何事もじっくり考えてから行動を起こすので、傍目《はため》には、マイペースとか、臆病《おくびょう》と見えるかもしれませんが、そういうことではなく、きちんと現状を確認し、予想されることをすべてシミュレーションして判断してから行動を起こすので、ゆっくりしているように見えるのです。

正義感が強く、不正がクラスで行われていることを許せません。

人がつらい思いをしているのを察知し、手助けしようとします。一方で、先生の大声やどなり声にびっくりし、怖《こわ》がることがあります。がやがやした場所、うるさい場所が苦手です。

●クラスの中には、ひといちばい敏感な子がいます

1クラス35人なら
約7人が、HSCということです
HSCは、真面目《まじめ》で優《やさ》しく、ルールをよく守ります
イエー
もくもく
ぺちゃくちゃ
キャ
一方、繊細《せんさい》で傷つきやすく
人の輪に入るのも、手助けが必要になることがあるかもしれません
しかし、慣れれば繊細《せんさい》な面は隠《かく》れてしまい
ぎゃははは
その子らしさを元気いっぱいに出して、生き生きと過ごしています

2 親から状況を聞くことで、その子の対応が見えてきます

親が、自分の子どものことをＨＳＣだと思っているかどうかは別にして、今までの子どもの状況《じょうきょう》を聞きましょう。

たとえＨＳＣという言葉を知らなくても、親は、「この子は、少し他の子と違《ちが》う」と感じているはずです。それで困っていることもあるかもしれません。

そのような親からの情報は、今後の関わりのために、とても大切なものです。

その子に、「してはいけないこと」「したほうがよいこと」のヒントが得られるからです。

そして、その親の対応は、この子にとって必要なものだったのだ、とまずは考えましょう。

時には、「親が過保護すぎる」と思うこともあるかもしれませんが、過保護だから、このような敏感《びんかん》な子になったのではなく、敏感《びんかん》な子だから、一見過保護と見えるような対応にならざるをえなかったのかもしれません。

それは、今までいろいろ親なりに試行錯誤《しこうさくご》して、このような対応がベストだとわかったから、そのようにしているだけなのです。

それは学校での対応の参考になるはずです。

敏感な子にとって必要な対応を、親はしています

３ その子を前に担任していた先生に相談しましょう

親と同様、前担任、あるいは、前の学校でどのように対応していたか、情報を得ましょう。さまざまに工夫《くふう》したり、配慮《はいりょ》したりしています。それは今後の関わりの参考になります。

4 その子のペースを尊重するのが大切です

HSCの接し方の基本は「その子のペースを尊重する」ということです。

HSCは、言葉を発するのに時間がかかったり、行動を起こすのが人より遅《おく》れたりすることがあります。

それは決して、「指示を聞いていない」とか「理解していない」ということではなく、与《あた》えられた指示を実行するのにさまざまなことを考えるために、少し時間がかかっている、ということなのです。

そのときは、少し待つことが必要です。それをむやみに急がせたり、人と同じスピードを求めると、パニックになったり、頭が真っ白になってよけいに時間がかかったりします。

時間が与《あた》えられると、しっかりと考えることができるので、逆に大人が驚《おどろ》くような、思《し》慮深《りょぶか》い答えを出してくることもあります。

新しい環境《かんきょう》に慣れるのにも、少し時間がかかることもあります。新しい環境《かんきょう》に入ると誰《だれ》でも少しは不安になるものですが、HSCは、その不安を解消するのに、少し時間がかかるのです。それは決して臆病《おくびょう》とかいうことではなく、「安心できる場所である」ということを確認する作業が、人より多く必要なのです。

大人から見れば、そんなにいちいち確認しなくても大丈夫《だいじょうぶ》、とよけいなことをしているように見えるかもしれませんが、本当に危険なことがある場合は、その慎重《しんちょう》さが、みんなにとって役立つ場合もあるはずです。

新しいクラスに慣れるまで、時間がかかりますが
安全な場所とわかれば、自分らしく過ごすことができます
指示を与《あた》えても、作業に取りかかるのに時間がかかったり
まだ袋《ふくろ》を開けただけ？
質問しても、答えるまでに長い間があったりしますが
このときの主人公の気持ちは、どうだったでしょう
……
……
……
……
……
……
……
これが、この子の適正ペースです
……こうだったと思います
たくさんの情報を処理するのに、時間がかかっているのです

5 長所を認めて、自信を育てましょう

その子の得意なこと、優《すぐ》れているところを見つけて伸《の》ばしましょう。

HSCは、動物や植物の状態にもよく気づきますから、植物を育てたり、飼育係をしたりするのに向いています。

また、本を読んでも、登場人物の気持ちをよく理解するので、優《すぐ》れた感想を述べることがあります。

そのような長所を認めて、「○○さんは、よく気がつくね」「主人公の気持ちをよく理解していますね」とほめましょう。

また、音楽や絵など、芸術的な才能にも秀《ひい》でていることがあるので、その才能を伸《の》ばしましょう。

ほめられると、ぐんぐん才能を発揮します

6 否定的な言葉で、大きなダメージを受けています

どんな子どもでも、否定されると、つらい気持ちになるものですが、HSCは、少しの否定を、大きくとらえて、ダメージを受けていることがあります。

こちらは、一部分を注意しているだけなのに、全部を否定されたように取って、萎縮《いしゅく》してしまうことがあります。

そういうときには、「この部分はとてもいいよ。あとはこの部分をこのようにすると、もっといいね！」というような、いい部分を伝えながら、よくない部分も、現状の否定というよりは、今後への期待、という形で伝えましょう。

ですからHSCに厳しい罰《ばつ》は必要ありません。強く叱《しか》るとそれだけで圧倒《あっとう》されてしまいます。

また、HSCは、自分が注意されるときだけではなく（HSCは、もともと注意されるようなことはあまりしません）、他の子が注意されたときにも、まるで自分が注意されたかのように、ショックを受けていることがあります。

HSCが、教室に入りづらくなるきっかけとしてよくあるのが、「先生の叱《しか》り声《ごえ》が怖《こわ》く

なって、入れなくなった」というものです。

ですから、ＨＳＣがいる教室では、全体に対して、大声で叱責《しっせき》することはなるべく避《さ》けましょう。注意すべきことがあれば、その子を呼んで、個人的に注意すればよいのです。

全体に大声で厳しく注意することで、人知れずダメージを受けている子がいることを知っていただきたいと思います。

ＨＳＣは叱《しか》られると大きなショックを受けます
ブッ殺す!!
くらいの強烈なイメージ
ほんの少し注意しただけでも、全否定されたように思って、萎縮《いしゅく》してしまうことがあります
廊下《ろうか》を走ったら危ないだろう
ぶつかったらけがをするよ！
ですから、ＨＳＣに強く注意する必要はありません
ぶつかると危ないよ
説明するだけで、じゅうぶん伝わります
また、ＨＳＣは、他の子が注意を受けているときも、自分が注意されているのと同じように、ダメージを受けています
おまえら!!
早く終わって〜〜
教室での先生の大きな声を恐怖《きょうふ》に感じています

7 友達関係は、先生のサポートが大きな力になります

HSCは、友達《ともだち》を作るのに、他の子より時間がかかることがあります。

HSCには、数は少なくても、1人か2人の親友は、どうしても必要です。

ですから、前の年に仲がよかった子や、近所の子を同じクラスや隣《となり》の席にしたり、2人組で作業をさせたりして、早く打ち解けられるようにするとよいと思います。

自分から積極的に声をかけられない子もいます
モジ モジ
すでにでき上がったグループに入るのは苦手です
絶対ムリ!!
あらかじめ先生のサポートがあると心強いです
あの子となら うまくやって いるから
同じグループにしよう
友達《ともだち》は、それほど多くは必要ありませんが
1人の親友は不可欠です

もう1つ、配慮《はいりょ》が必要な場合として、困難を抱《かか》えた子のお世話係になる場合があります。

HSCは、人の気持ちに気づきますから、つらい思いをしている子にいち早く気づいたり、必要な対応を提案してくれたりします。

そういう意見に耳を傾《かたむ》け、「教えてくれてありがとう」「○○さんは、いつも優《やさ》しいね」と伝えることは、とてもいいと思います。

ただしその反面、困難を抱《かか》えた子をよく世話してくれるので、担任からその世話を頼《たの》まれたり、席を隣《となり》同士にされたりすることがあります。しかし、大人でも対応に困るような子の世話を、子どもが、一時的ならいざ知らず、毎日毎日するのは、たいへんなことです。

HSCは、そういう役割をしっかりこなす反面、とても多くのエネルギーを使います。

そのうちに、HSCが疲《つか》れて学校に来られなくなった、ということも起こりえるのです。

友達《ともだち》の世話をしてくれることについては、「ありがとう」と伝えつつ、あまり1人だけに世話を頼《たの》まないようにしましょう。

「いつも気遣《きづか》ってくれてありがとう。でも、そんなにいつも心配しなくても大丈夫《だいじょうぶ》だよ。困ったことがあったら、いつでも先生に言ってね」と伝えましょう。

友達のお世話係は、1人だけに負担をかけない

8 人前での発表などで、気をつけたいこと

ＨＳＣは、人前でしゃべったり、発表したりするときに、とても緊張《きんちょう》して、思うような力を発揮できないことがあります。

しかし、できないのではなく、慣れるのに少し時間がかかる、ということです。

ですから、人にさせていることを、ＨＳＣだけ外す、というのはあまりよくありません。

そうすると、「自分はだめな人間なんだ」と思わせてしまいます。

そうではなく、準備をさせる、ということです。人前で発表する前に、１対１で発表の練習をして慣れるとか、リハーサルをじゅうぶんしておく、ということです。

先生のちょっとした配慮で、居心地のいいクラスになります

⑨ 給食は、敏感な子にとって、つらい時間になることもあります

ＨＳＣは、味覚や嗅覚《きゅうかく》にも敏感《びんかん》です。そのため、給食についても、微妙《びみょう》な味やにおいの違《ちが》いを気にすることがあります。

その分、繊細《せんさい》な味やにおいをキャッチすることのできる優《すぐ》れた才能を持っているともいえるのですが、逆に本人にとって苦手なにおいや味を受け付けない、ということもあります。

そういう場合は、食べることを無理強《むりじ》いしないようにしましょう。

ただでさえ、苦手なにおいで気持ち悪くなっているのに、それを無理やり食べさせられることで、クラスの皆《みな》の目の前で吐《は》いてしまい、それがトラウマになって、給食時間が怖《こわ》くなる、ひいては学校自体が怖《こわ》くなる子どももいるのです。

●食べることを無理強いしないようにしましょう

⑩ 時には背中を押すことも大切です

先生方の中には、敏感《びんかん》な子どもにだけ、手厚い対応はできない、という意見もあるかもしれません。

ただ、ここで言いたいことは、これまで述べてきたことをすべてやらなければ、敏感《びんかん》な子どもたちはダメになる、ということではありません。

子どもたちは、心配するほどもろくはありませんし、たいていのＨＳＣは、状況《じょうきょう》を確認しながら、慎重《しんちょう》に、自分のペースでうまくやっています。

子ども自身も、成長したいと思っていますし、新しいことにチャレンジしたいと思っています。

不安だったけれども、勇気を出してやってみたことで、達成感を得た、ということもあります。

そのために、少し背中を押《お》すこともあっていいのです。

しかしその前提として、ＨＳＣとは、どういう子どもたちなのか、どういう対応をされると、伸《の》び伸《の》びと成長できるのか、ということを知っているだけで、その結果は全く違《ちが》うものになると思います。

子どもの特性を理解せず、無理なことを求め、できないと否定した結果、すべてに自信を失ってしまう、そういう子どもがゼロではないのです。

●「先生は、味方」のメッセージが、強い力になります

「先生は、いつでもあなたの味方だよ。だから困ったことがあれば、何でも相談してね」とはっきり言葉で伝えて、まず安心させてやってほしいのです。

子どもはすべて、一人一人違《ちが》います。

ＨＳＣだけでなく、すべての子どもが、その違《ちが》いを理解され、必要な配慮《はいりょ》を受けて、適切な支援《しえん》が得られる学校になれば、子どもたちは、さらに伸《の》び伸《の》びと育ち、自信を持って、社会を生きていくことができるようになるでしょう。

一言メッセージ

HSCに必要なのは
先生は自分の味方だ
という安心感です

これさえあれば
いろんな試練に
立ち向かっていけます

COLUMN

ＨＳＣは新たなレッテル貼りではありません。一人一人の子どもを理解するヒントに

ＨＳＣは病気でもありませんし、障がいでもありません。

しかしＨＳＣは、その特性から、今の世の中では自己肯定感《じここうていかん》が低くなりやすい傾向《けいこう》があります。

中には、親が気づかないうちに、低くなってしまっていることもあります。さまざまな症状《しょうじょう》が出てから、ようやく気づくこともあります。

もちろん、気づいたときから、対応を見直せば、回復することはできますし、自己肯定《じここうてい》感《かん》を育て直すことは可能です。

しかしできれば、大人になる前に、子ども時代から、このことを知っていれば、親も子も、もっと楽に、ハッピーな子育てができるのではないでしょうか。

「HSCなんて、また新たなレッテルをつけて、子どもを枠《わく》にはめるのか？」という意見もあるでしょう。

もちろん、すべての子どもは一人一人違《ちが》います。

家でも学校でも、一人一人の個性に合わせた関わりが実現できたなら、きっとこんな名前は、必要なくなるのだと思います。

しかし現実は、まだまだこの社会は、人と同じことが求められ、違《ちが》っていると、わがままとか、親の育て方がおかしいとか言われかねない世の中です。

だとするならば、このHSCも、子どもに対するレッテル貼《は》りではなく、一人一人の子どもを理解するためのヒントとして、ぜひ活用してもらえないかと思うのです。

HSCは5人に1人と、少数派ではありますが、決して少なくありません。

人とは違《ちが》う感性を持っているので、その分、配慮《はいりょ》が必要になることもありますが、少しの思いやりで、HSCは見違《みちが》えるほど生き生きとし、その才能を開花させることができます。

「そんなこと言ってちゃ、これから先、社会に適応できないよ」という声もあるかもしれません。

しかしＨＳＣが訴《うった》えることは、決して筋の通らないことではありません。

むしろ、至極《しごく》まっとうなことが多いし、「言われてみればそのとおり」ということが多いのです。

ですから、ＨＳＣが生きづらい社会は、みんなにとっても、きっと生きづらい社会なのです。

それを誰《だれ》よりも、敏感《びんかん》に感じ取り、教えてくれるのがＨＳＣだと思います。

ある意味、この社会を、生きやすい世の中に変えていく、大切な役割を担《にな》っているのが、ＨＳＣといえるのではないでしょうか。

そして、そんな素晴《すば》らしい可能性を秘《ひ》めたお子さんを育てている親御《おやご》さんにも、心からの敬意と感謝をお伝えしたいと思います。

me
nu

20

子どもたちへのメッセージ

ひといちばい敏感な特性に
気づくことで、
自分らしく
生きることができます

最後に、この本を読んで、自分のことを、
「HSCかな」と思った、お子さんへのメッセージをお伝えしたいと思います。

もしかすると、あなたは、自分のことを
「ちょっと人と違《ちが》う」と思ってきたかもしれません。
例えば、「どうしてみんなは気づかないんだろう」とか、
「どうしてみんなは気にならないんだろう」と思ったり、
あるいは、「何で自分はこんなに心配性《しんぱいしょう》なんだろう」とか、
「どうして自分はこんなに傷つきやすいのか」、
あるいは、「みんなが簡単にできることが、
どうして自分にはこんなに時間がかかるんだろう」と
思ったりしてきたかもしれません。

もしそういう思いを抱《かか》えてきて、この本に書いたことが当てはまることが多いなら、

それはきっと、「ひといちばい敏感《びんかん》」という、あなたの持って生まれた性質によるものだと思います。

この性質を持っている人は、5人に1人で、決して少なくありません。
しかし、5人に4人は、そういう性質を持たない人なので、みんなの中にいると、「自分だけ違《ちが》う」と思うこともあるのだと思います。

まず知ってほしいのは、
決して、あなたが悪いわけではない、ということです。
これは一つの持って生まれた性質です。
そして、この性質には、長所もたくさんあります。
その一方で、苦手なところもいろいろあります。

だから、こういう敏感《びんかん》なところがあるからといって、自分はだめな人間だ、と思う必要もないし、劣《おと》っている、と思う必要もないのです。

また、5人に4人の、あなたのように敏感《びんかん》でない人を見て、あの人は劣《おと》っている、と思う必要もありません。
ただ、人間にはいろいろな人がいる。
顔かたちも、声も、人それぞれ違《ちが》います。
同じように、敏感《びんかん》な人とそうでない人がいるということです。

そしてそれは、単に役割が違《ちが》う、ということなのです。

人より、行動を起こすのに時間がかかって、周りの人から「早くしろ！」とか、「何もたもたしてるの」と言われることがあるかもしれません。

しかしあなたは、自分できちんと確認してからでないと、行動できない人なのです。

ある意味、とても慎重《しんちょう》なのです。それは決して悪いことではありません。

じゅうぶん確認しないで行動して、危ない目にあう、ということもあるからです。

「気にしすぎだ」と言われたこともあるかもしれません。

しかしあなたは、ひといちばい、いろいろなことをキャッチして、気づいてしまう人なのです。

他の人は、そうではありません。気づかないから気にならないのです。気にしすぎるから不安になりやすい、ということもあるかもしれませんが、気づかないことで困ることもあるのです。

あなたが気づいたことを他の人に知らせることで、他の人が助けられる、ということもあります。

自分の特性に気づくことで、世の中の価値観に無理やり合わせた生き方ではなくて、自分の個性を生かし、自分らしく生きることができるようになるのだと思います。

今の世の中は、どちらかというと、5人に4人のタイプの人を中心に

できているので、あなたとすれば、なんか生きていくのがしんどいな、と思うこともあるかもしれません。

しかしあなたのようなタイプの人がいなければ、またこの世の中は成り立っていかないのです。

特にこれからの難しい世の中、環境《かんきょう》も社会も大きく変わり、人と人の間のストレスが大きくなった時代に、あなたのような人は、ますます必要とされるでしょう。

ぜひ、自分の持って生まれた性格に自信を持ち、才能を開花させましょう。

そして自分も人も幸せになる方法を見つけていきましょう。

それがあなたに与《あた》えられた役割であり、生まれてきた意味なのだと思います。

〈イラスト〉

太田　知子（おおた　ともこ）

昭和50年、東京都生まれ。２児の母。
イラスト、マンガを仕事とする。
著書『子育てハッピーたいむ』①～③
　　『りんごちゃんと、おひさまの森のなかまたち』①～⑤
　　『HSC子育てあるある うちの子は ひといちばい敏感な子！』

＊L・モンゴメリー（著）曽野綾子（訳）「赤毛のアン」（『少年少女世界の文学』12、河出書房新社）

アンケートにご協力をお願いいたします

左のQRコードから、本書についての感想をお聞かせください。
※ご記入いただいた個人情報は、弊社からの郵送・電子メール等によるご案内、記念品の発送以外には使用いたしません。

〈著者略歴〉

明橋　大二（あけはし　だいじ）

心療内科医。専門は精神病理学、児童思春期精神医療。

昭和34年、大阪府生まれ。京都大学医学部を卒業し、現在、真生会富山病院心療内科部長。児童相談所嘱託医、NPO法人子どもの権利支援センターぱれっと理事長、富山県虐待防止アドバイザー、富山県いじめ問題対策連絡会議委員として、子どもの問題に関わる。

著書『なぜ生きる』（共著）、『子育てハッピーアドバイス』シリーズ、『みんな輝ける子に』『見逃さないで！ 子どもの心のSOS　思春期に がんばってる子』『心の声に耳を傾ける 親と子の心のパイプは、うまく流れていますか？』『教えて、明橋先生！　何かほかの子と違う？ HSCの育て方 Q＆A』など。

訳書『ひといちばい敏感な子』など。


現在、自己肯定感を育む子育てを日本全国に広めるため、「認定子育てハッピーアドバイザー養成講座」を開講し、支援者育成に当たっている。

（詳細は、「一般社団法人HAT」ホームページ http://www.hat-a.com）

● 明橋大二ホームページ　http://www.akehashi.com/

HSCの子育てハッピーアドバイス
HSC＝ひといちばい敏感な子

平成30年（2018）6月18日　第1刷発行
令和元年（2019）12月17日　第10刷発行

著　者　明橋　大二
イラスト　太田　知子
発行所　株式会社　1万年堂出版
〒101-0052　東京都千代田区神田小川町2-4-20-5F
電話　03-3518-2126
FAX　03-3518-2127
https://www.10000nen.com/

装幀・デザイン　遠藤 和美
印刷所　凸版印刷株式会社

ISBN978-4-86626-034-1 C0037

ほめ方・叱り方のキホンを伝授

子育てハッピーアドバイス 大好き！が伝わる ほめ方・叱り方

「ありがとう」は、最高のほめ言葉／できた1割をほめていけば、子どもはぐんぐん元気になります　ほか

本体 933円+税
978-4-925253-42-0

どうしても怒ってしまうママの質問に答える

子育てハッピーアドバイス 大好き！が伝わる ほめ方・叱り方②

きょうだいげんかがひどいのですが……／赤ちゃん返りがたいへんです／「ごめんなさい」が言えません　ほか

本体 933円+税
978-4-925253-47-5

小学生の心を知って、やる気の芽を育てよう

子育てハッピーアドバイス 大好き！が伝わる ほめ方・叱り方③小学生編

文句や口答えが増える中間反抗期／ほめ言葉が自然と増える、シンプルな習慣　ほか

本体 933円+税
978-4-925253-64-2

安心して赤ちゃんを迎えるために

子育てハッピーアドバイス 妊娠・出産・赤ちゃんの巻

今からできる、安産のための体作り／自分の受けた子育てを振り返る／プレパパへのメッセージ　ほか

（共著 吉崎達郎）

本体 933円+税
978-4-925253-56-7

好き嫌いの悩みから、簡単レシピまで

子育てハッピーアドバイス 笑顔いっぱい 食育の巻

好き嫌いはみんなある／遊び食べ、食べムラには、こんな工夫も……栄養バランスは気にしすぎないで　ほか

（共著 松成容子）

本体 1,000円+税
978-4-925253-78-9

孫が幸せに育つために、祖父母だからできること

子育てハッピーアドバイス ようこそ 初孫の巻

祖父母だから、できること／孫と遊ぼう！／こうすれば、息子・娘夫婦との関係が円滑に　ほか

（共著 吉崎達郎）

本体 933円+税
978-4-925253-60-4

明橋先生の、心がほっとする講演を収録

講演DVD付 子育てハッピーセミナー

全国で大人気。明橋先生の講演を読みやすく編集。DVDビデオで、いつでも講演会に参加できます。

DVD1枚付（70分）

本体 1,886円+税
978-4-925253-34-5

太田知子著　ニンマリ育児日記

子育てハッピーたいむ ななとひよこの楽しい毎日①②③

タイヘンな子育てが、幸せで、楽しい時間に変わる！　太田家の育児日記。

①本体 933円+税
978-4-925253-45-1
②本体 1,000円+税
978-4-925253-65-9
③本体 1,000円+税
978-4-925253-72-7

日めくりカレンダーも大好評

毎朝めくって、幸せな子育てを

日めくり 子育てハッピーカレンダー

（33枚）縦28.8cm×横14cm
本体 933円+税　978-4-925253-32-1

心温まるアドバイスが日めくりに

日めくりカレンダー 大好き！が伝わる ほめ方・叱り方

（33枚）縦28.8cm×横14cm
本体 933円+税　978-4-925253-43-7

よい習慣が身につく　マンガタイプのしつけ絵本

りんごちゃんと、おひさまの森のなかまたち

①②③④⑤

明橋大二 監修　太田知子 作

りんごちゃんと動物たちとの楽しいお話で、あいさつ、笑顔、親切、思いやりなどの大切な習慣が身につくと大好評です。プレゼントにもぴったり。

【主な内容】

- 一日のはじまりは、「おはよう！」の げんきなあいさつから！
- やくそくは、がんばってまもろう！
- けんかをしたときは、じぶんから あやまってみよう

- がんばれえがお。ニコニコすれば、もっとなかよくなれる！
- もちものは、らんぼうにしないで たいせつに
- こまっている人がいたら たすけてあげよう
- おかあさんが しかるのは あなたが とってもたいせつだから

各巻定価 本体1,000円+税
A５判
（幼稚園～小学校中学年向き）

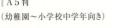

ひといちばい敏感な子が輝く とっておきのアドバイス

教えて、明橋先生！ 何かほかの子と違う？

HSCの育て方 Q&A

明橋大二 著

【主な内容】

- 親子でひといちばい敏感な場合
- 敏感な子だからと親が守っていると、弱い子になりませんか
- HSCに理解のない人への対応
- 子どもにHSCを正しく伝える方法
- 親の私がキレてしまうとき
- HSCと発達障がいとは違うものなのでしょうか
- 不安を取り除く抱っこに2とおり
- 友達との境界線の引き方

定価 本体1,300円+税
四六判 224ページ
978-4-86626-039-6

4コママンガでわかる！ HSCあるある

HSC子育てあるある

うちの子は ひといちばい敏感な子！

明橋大二 監修 太田知子 著

● においに敏感

他の子とはちょっぴり違う感性を持つHSCとは、どういう子どもなのか。HSCの敏感さは、その子だけが持つ宝物であることを4コママンガで描きました。子どもの言動が理解できず、子育てに悩んでいる親御さんや先生におすすめです。

定価 本体1,000円+税
四六判 128ページ
978-4-86626-037-2